D1695069

Diplomica Verlag

Sandra Maier

Functional Food für Best Ager

Verbrauchereinstellungen und Empfehlung
eines zielgruppengerechten Marketing-Mix

Maier, Sandra: Functional Food für Best Ager: Verbrauchereinstellungen und Empfehlung eines zielgruppengerechten Marketing-Mix, Hamburg, Diplomica Verlag GmbH

Umschlaggestaltung: Diplomica Verlag GmbH, Hamburg

ISBN: 978-3-8428-5750-6

© Diplomica Verlag GmbH, Hamburg 2011

Bibliographische Information der Deutschen Bibliothek

Die Deutsche Bibliothek verzeichnet diese Publikation in der Deutschen Nationalbibliografie; detaillierte bibliografische Daten sind im Internet über http://dnb.ddb.de abrufbar.

Die digitale Ausgabe (eBook-Ausgabe) dieses Titels trägt die ISBN 978-3-8428-0750-1 und kann über den Handel oder den Verlag bezogen werden.

Executive Summary

„Let your food be your medicine and your medicine be your food."

Hippokrates
Greek Physician (approx. 460 BC - 377 BC)

The food industry in Germany and in other industrialized countries is facing saturated markets and an increasing interchangeability of goods, due to several recent macro-economical developments like globalization and technical advancement. In order to stay competitive it is getting essential for food producers to differentiate themselves from their trade rivals and to enter new market segments. Functional foods, which are conventional consumables enriched with health promoting ingredients like probiotics, vitamins and minerals, could pose an adequate possibility to stay abreast with the future market trends health, convenience and enjoyment and thus becoming a successful player on the food markets. Experts are predicting a boom of the functional food market in the near future.

However, in Germany, the age distribution of the population in the next 30 years is weighed towards seniors. Therefore, to effectively leverage the potential of the functional food market, the food producers have to rethink their target group strategy. The Best Agers, which are consumers over the age of 45, are becoming an interesting success factor. But meeting the needs of this target audience can be a tremendous challenge, due to their heterogeneity and unique requirements.

This paper investigates the attitudes of Best Agers towards functional food and provides recommendations for a successful marketing approach. The main findings are that today's Best Agers are energic, active and value healthy food but they are still very reluctant to consume enriched products. There is a lack of trust and information transparence which first has to be addressed by the food producers before being able to reach this promising group of customers efficiently. Different marketing tools like initiating word-of-mouth-campaigns or the communication of seals of quality could support a more positive perception among Best Agers. Advertising containing health-related messages presented by charismatic testimonials can strengthen the awareness level. If Best Agers' acceptance of Functional Food is improved, the combination of these two success factors could be a future windfall for the food industry.

Inhaltsverzeichnis

Abkürzungsverzeichnis

Art.	Artikel
BfR	Bundesinstitut für Risikoforschung
CMA	Centrale Marketing-Gesellschaft der deutschen Agrarwirtschaft
DGE	Deutsche Gesellschaft für Ernährung
et al.	et alii (und andere)
FMCG	Fast Moving Consumer Goods
FOSHU	Foods for Specific Health Use
FUFOSE	Functional Food Science in Europe
GfK	Gesellschaft für Konsumforschung
Hrsg.	Herausgeber
KMU	Kleine und mittelständische Unternehmen
ILSI	International Life Science Institute
LMBG	Lebensmittel- und Bedarfsgegenständegesetz
LOHAS	Lifestyle of Health and Sustainability
NPD	New Product Development
O.V.	Ohne Verfasser
POS	Point of Sale
SKU	Stock Keeping Unit
SPSS	Statistical Product and Service Solutions (Programmsystem)

Abbildungsverzeichnis

Tabellenverzeichnis

1. Einleitung

1.1 Problemstellung

Seit einigen Jahren steht die Lebensmittelindustrie in Deutschland signifikanten makro- und mikroökonomischen Veränderungen gegenüber. Sowohl auf der Angebotsseite, als auch auf der Seite der Nachfrager machen sich diese Entwicklungen bemerkbar. Auf der Verbraucherseite sind diese beeinflussenden Veränderungen hauptsächlich durch die Auswirkungen des demografischen Wandels, grundlegende Veränderungen der Konsumpräferenzen, sowie einer positiven Entwicklung des Einkommens zu spüren.[1] Auf der Angebotsseite hingegen macht sich vor allem die Entwicklung der makroökonomischen Rahmenbedingungen bemerkbar, wie die Schaffung des EU-Binnenmarktes, die zunehmende Globalisierung der Märkte, der technische Fortschritt, die Sättigung der Absatzmärkte, ein gestiegener Verdrängungswettbewerb und die steigende Verhandlungsmacht des Lebensmittelhandels. Die Lebensmittelindustrie wird dadurch unter Druck gesetzt und zu neuen Ansätzen der Markterschließung gezwungen.[2]

Vor dem Hintergrund schwieriger Marktbedingungen in der Lebensmittelindustrie wird es für Unternehmen immer wichtiger, sich signifikante Wettbewerbsvorteile gegenüber den Mitbewerbern zu sichern. Die Lebensmittelunternehmen müssen neue Märkte erschließen und sich in diesen etablieren.[3] Hierbei müssen die Unternehmen erfinderisch sein, um sich von der großen Masse abzuheben, weshalb auf ihnen ein hoher Innovationsdruck lastet.[4] Funktionelle Lebensmittel, auch Functional Food[5] genannt, welche durch ihren gesundheitlichen Zusatznutzen und die bequeme Handhabung genau den heutigen Konsumentenwünschen entsprechen, werden als einer der Wachstumsmärkte der Zukunft angesehen.[6] Funktionelle Lebensmittel können im Rahmen der Differenzierung einen Verkaufsvorteil gegenüber den Wettbewerbsprodukten bringen.[7] Eine stärkere Gesundheitsprofilierung durch einen gesundheitlichen Zusatznutzen führt zu einem höheren Markenwert, welcher mit einer höheren Zahlungsbereitschaft der Konsumenten einhergeht.[8] Daher gilt: „Functional Food ermöglicht Hersteller und Handel hohe

---

[1] Vgl Kutsch (1999) S. 14-18
[2] Vgl. Dustmann (2006), S. 27
[3] Vgl. Senf (2008), S. 11
[4] Vgl. Rogdaki (2003), S. 8
[5] Die Begriffe „Funktionelle Lebensmittel" und „Functional Food" werden in dieser Arbeit synonym verwendet.
[6] Vgl. Sohnsmeyer (2008), S. 31
[7] Vgl. Dustmann (2006), S. 274-275
[8] Vgl. Jüttner (2009), S. VI

Wachstumsraten und Premiumpreise."[9] Die Ausweitung des Sortiments um funktionelle Lebensmittel kann somit eine geeignete Maßnahme darstellen, den aktuellen Herausforderungen des Marktes entgegenzutreten.

Doch um das Potenzial der Functional Food-Branche nachhaltig nutzen zu können müssen die Lebensmittelhersteller, angesichts der sich verändernden Altersstruktur in Deutschland, ihre Zielgruppenpolitik überdenken. Vor allem die Zielgruppe der Best Ager[10], das sind Personen über 45 Jahre, rücken dabei immer mehr in den Fokus und werden in Fachkreisen als eine der zukunftsträchtigsten Zielgruppen überhaupt angepriesen.

Nicht nur die Volumenzunahme dieses Kundensegments aufgrund des demografischen Wandels, sondern auch ihre Charakteristika sind für den Functional Food-Markt sehr interessant. Die Prävention und die aktive Bekämpfung von gesundheitlichen Beschwerden spielt eine immer größere Rolle bei der Kaufentscheidung der Best Ager.

Doch so viel versprechend die ältere Generation für die Functional Food-Branche zu sein scheint, birgt sie auch große Herausforderungen. Bei Best Agern handelt es sich um eine anspruchsvolle und sehr heterogene Zielgruppe, was die richtige Wahl des Marketing-Mix schwierig gestaltet. Um die zwei potenziellen Erfolgsfaktoren, Functional Food und Best Ager, erfolgreich zusammenzuführen, bedarf es umfangreichen Marktforschungsaktivitäten. Bisher haben sich jedoch nur sehr wenige Hersteller von Functional Food auf die Zielgruppe 45plus fokussiert. Dem entsprechend gibt es in der Literatur relativ wenige Erkenntnisse über die Einstellung der Best Ager bezüglich funktioneller Lebensmittel, was wiederum die Hemmung der Lebensmittelindustrie, sich dem zukunftsträchtigen Kundensegment der Best Ager zuzuwenden, noch weiter verstärkt. Doch gerade die Integration dieser Zielgruppe in die Marketingstrategie könnte essentiell zum langfristigen Unternehmenserfolg der Functional Food-Anbieter beitragen.

---

[9]   A.C. Nielsen (2006b), S. 26
[10]   Die Begriffe „Best Ager", „Zielgruppe 45plus" und „die ältere Generation" werden in dieser Arbeit synonym verwendet.

1.2 Zielsetzung und Vorgehensweise

Ziel dieser Studie ist es zur Schließung der Informationslücke beizutragen und sowohl den Markt für funktionelle Lebensmittel, als auch die Zielgruppe der Best Ager näher zu beleuchten. Des Weiteren soll die „Kompatibilität" der Trend-Zielgruppe der Best Ager mit dem Trend-Produktbereich der funktionellen Lebensmittel analysiert werden, Informationen über die Einstellung der Best Ager bezüglich Functional Food zur Verfügung gestellt und Empfehlungen für einen zielgruppengerechten Marketing-Mix abgeleitet werden.

Anhand sekundärer, literaturgestützter Marktforschung wird zunächst auf die Grundlagen bezüglich Functional Food eingegangen, wie die Definition, den Ursprung und die rechtlichen Rahmenbedingungen. Des Weiteren wird ein Einblick in das Marktumfeld der funktionellen Lebensmittel gewährt, wie die beeinflussenden Trends und die Anbieterstruktur. Auch mögliche Grenzen des Wachstums werden aufgezeigt.

Im Anschluss an die Vorstellung des Marktes für Functional Food wird der Fokus der Studie auf dem Kundensegment der Best Ager liegen. Es wird sowohl Grundlagenwissen zu dieser Zielgruppe vermittelt, als auch deren Potenzial für den Functional Food-Markt verdeutlicht.

Ein bedeutender Teil dieser Untersuchung liegt in der empirischen Analyse der Einstellungen der Best Ager bezüglich funktioneller Lebensmittel. Zunächst wird der Aufbau, die Vorgehensweise, sowie die Zusammensetzung des Samples[11] erläutert und die zu prüfenden Hypothesen aufgestellt. Im Anschluss daran werden die Ergebnisse der Befragung vorgestellt. Im nächsten Schritt werden die gewonnenen Erkenntnisse der quantitativen Verbraucherbefragung mit Daten aus sekundärer Marktforschung verknüpft, um Empfehlungen für einen zielgruppengerechten Marketing-Mix herauszuarbeiten.

Abgeschlossen wird die Studie mit einem Fazit und einem Ausblick auf zu erwartende Entwicklungen im Functional Food-Segment.

---

[11] Sample= Stichprobe in der Marktforschung. Hier: Zielpersonen der Befragung.

2. Functional Food – Grundlagen

Im folgenden Kapitel wird näher auf das Konzept von Functional Food eingegangen. Es werden Einblicke in den Ursprung von Functional Food gegeben, sowie Definitionen, Warengruppen und Wirkungsweisen erläutert. Auch die Gefahren und Risiken von Functional Food und die rechtliche Rahmenbedingungen werden in diesem Kapitel beleuchtet.

2.1 Definition von Functional Food

Für funktionelle Lebensmittel werden in Fachkreisen auch Synonyme, wie Designer Food, Pharma Food, Wellness Food oder Nutraceuticals verwendet.[12] Schon die Vielfalt der Bezeichnungen lässt darauf schließen, dass es sich bei funktionellen Lebensmitteln um keine konkrete Produktkategorie handelt, sondern eher um ein Konzept.[13] Es gibt in der Literatur tatsächlich keine international anerkannte einheitliche Begriffsdefinition. Tabelle 1 gibt eine Übersicht über vorherrschende Definitionen in Europa, Japan und den USA.

In der deutschen Literatur ist die Definition von Goldberg am weitesten verbreitet. Diese besagt „Ein funktionelles Lebensmittel kann generell jedes Lebensmittel sein, das zusätzlich zu seinem ernährungsphysiologischen Wert einen positiven Einfluss auf die Gesundheit eines Individuums, dessen physische Leistungsfähigkeit oder dessen Gemütszustand ausübt."[14] Uneinig ist man sich weltweit zum Beispiel darüber, ob es sich bei funktionellen Lebensmitteln auch um naturbelassene Lebensmittel handeln kann. Nach der Definition von Goldberg könnte demnach auch ein Apfel mit seinem hohen Anteil gesundheitsfördernder sekundärer Pflanzenstoffe zu Functional Food gezählt werden.[15]

---

[12] Vgl. Goergens (2004), S. 6 und Verbraucherzentrale (2005), S. 18
[13] Vgl. Rogdaki (2003), S.7
[14] Goldberg (1994), S. 15
[15] Vgl. Groeneveld (1998), S. 157

Tabelle 1: Definitionen von Functional Food im Vergleich

Institutionen	Definitionen	Darreichungsform
Europa Europäische Arbeitsgruppe „Functional Food Science in Europe" (FUFOSE)	Ein Lebensmittel ist dann funktionell, wenn gezeigt werden kann, dass es über seinen Nährwert hinaus, eine oder mehrere Körperfunktionen positiv beeinflusst und zwar in einer Weise die für das Wohlergehen oder die Reduktion eines Krankheitsrisikos relevant ist.	Aus natürlichen Zutaten, als Teil der täglichen Kost; nicht aber in Form von Tabletten, Kapseln oder Pulvern
Japan Ministry of Health and Welfare	Funktionelle Lebensmittel sind *verarbeitete* Produkte mit natürlichen Inhaltsstoffen, die zusätzlich zu ihrem Nährwert bestimmte Körperfunktionen unterstützen.	Aus natürlichen Zutaten, als Teil der täglichen Kost; nicht aber in Form von Tabletten, Kapseln oder Pulvern.
USA Institute of Medicine der National Academy Sciences	Funktionelle Lebensmittel sind solche Produkte, bei denen die Konzentration von einem oder mehreren Inhaltsstoffen *modifiziert* ist, um ihren Beitrag zur gesunden Ernährung zu verbessern.	Nährstoffmodifizierte Produkte, synthetisch hergestellte Inhaltsstoffe, cholesterin- und natriumreduzierte Produkte.

Quelle: Eigene Darstellung nach Sohnsmeyer (2008), S. 17

Des Weiteren ist laut der japanischen Definition (siehe Tabelle 1) nur die Anreicherung mit natürlichen Inhaltstoffen zulässig, während in den USA funktionelle Lebensmittel auch mit synthetisch hergestellten Inhaltstoffen modifiziert werden dürfen.[16] Die Arbeitsgruppe Functional Food Science in Europe (FUFOSE), welche auf Initiative der EU-Kommission gegründet und vom International Life Science Institute (ILSI) koordiniert wurde, zählt auch solche Lebensmittel zu Functional Food, bei denen ein Lebensmittelbestandteil mit unerwünschten Effekten entfernt (zum Beispiel Fett) oder bei denen ein unerwünschter Bestandteil durch einen vorteilhafteren ersetzt wurde (zum Beispiel Zucker durch einen kalorienärmeren Zuckeraustauschstoff).[17]

Folgende Definition wird im weiteren Verlauf dieses Buchs zugrunde gelegt. Sie trifft weitestgehend den Kern aller vorhandenen Definitionen: *Functional Food sind verarbeitete Nahrungsmittel, die nicht nur zur Sättigung, Nährstoffzufuhr und Befriedigung von Genuss und Geschmackserlebnis dienen, sondern dem Verbraucher einen oder mehrere gesundheitliche Zusatznutzen versprechen.[18] Dabei soll die Wirkung durch Verzehrmengen erzielt werden, die den normalen Verzehrgewohnheiten dieses Produkts*

---

[16] Vgl. Groeneveld (1998), S. 157
[17] Vgl. Roberfroid (1998), S. 34 - 38
[18] Vgl. Goergens (2004), S. 6

entspricht.[19] Auch darf es sich bei der Darreichungsform nicht wie bei Nahrungsergän-
zungsmitteln, um Pillen, Kapseln oder Pulver handeln, sondern um ein Lebensmittel,
welches als Teil der normalen Kost verzehrt werden kann.[20]

Weiterhin ist es wichtig zu wissen, dass der Begriff Functional Food den Verbrauchern
eher unbekannt ist. Die Bezeichnung ist vielmehr von der Industrie und den Medien im
Gebrauch und wird kaum in der Kommunikation gegenüber dem Verbraucher eingesetzt.[21]

2.2 Ursprung von Functional Food

Dank der Ernährungswissenschaft haben wir Erkenntnisse darüber gewonnen, welche
für den Körper notwendigen Nährstoffe in Lebensmitteln stecken, zum Beispiel Eiweiß,
essentielle Fettsäuren, Vitamine und Mineralstoffe. Durch wissenschaftliche Studien
wurde der tägliche Bedarf des Körpers an diesen Stoffen ermittelt und es wurde möglich, diese wichtigen Nährstoffe zu isolieren und künstlich herzustellen.[22] Seit einigen
Jahren macht sich die Lebensmittelindustrie diese wissenschaftlichen Errungenschaften
zu Nutzen und bringt Lebensmittel in den Handel, welche mit Stoffen zur Gesundheitsvorsorge angereichert werden.

Ihren Ursprung haben funktionelle Lebensmittel in Japan, wo traditionell auf die Wirksamkeit von Heilsubstanzen vertraut wird. „Nahrung und Medizin entspringen dersel-
ben Quelle."[23] In Japan wurde bereits 1933 der probiotische Joghurtdrink Yakult entwickelt.[24] Funktionelle Lebensmittel werden hier seit 1991, nach Durchlaufen eines
strengen Zulassungsverfahrens, mit dem FOSHU-Siegel (Food for Specific Health Use)
ausgezeichnet.[25] Dieser Umgang mit funktionellen Lebensmitteln ist weltweit einmalig.
Japan gilt generell als Vorzeigemodell was Neuentwicklungen von funktionellen Lebensmitteln und deren gesetzliche Regelungen angeht.[26]

Im Gegensatz zu Japan entstanden funktionelle Lebensmittel in den USA Anfang der
90er Jahre aus der Fitnesswelle heraus. Als Vorreiter von Functional Food gelten isoto-

---

[19] Vgl. Menrad (2000), S.13
[20] Vgl. Goldberg (1994) und Menrad (2000) S. 13
[21] Vgl. Yamaguchi (2004), S. 10
[22] Vgl. Verbraucherzentrale (2005), S. 8
[23] Vgl. Yamaguchi (2004), S. 12
[24] Vgl. Die Entwicklung von Yakult auf www.yakult.de
[25] Vgl. Persin/ Kuhn (1999), S. 688
[26] Vgl. Yamaguchi (2004), S. 8

nische Getränke für Sportler. Über die USA gelangte der Trend Mitte der 90er Jahre nach Europa und damit auch nach Deutschland.[27] 1995 kam in Deutschland, inspiriert durch die Entwicklungen in Japan und den USA, der erste probiotische Joghurt Nestlé LC 1 auf den Markt.[28] Doch schon zuvor waren vereinzelt Lebensmittel mit funktionellem Nutzen im Handel verfügbar. So kamen zum Beispiel bereits 1962 die bekannten „Nimm Zwei" - Bonbons auf den Markt. und ab 1979 wurde „Dr. Koch Trink 10 Multivitamin" angeboten.[29] Mittlerweile werden in 40% aller Haushalte ACE-Getränke konsumiert. Funktionelle Lebensmittel haben sich in den letzten Jahren im „Relevant-Set"[30] der Verbraucher etabliert und stellen einen wachsenden Markt dar.[31]

2.3 Warengruppen, Inhaltsstoffe und Wirkungsweisen

Funktionelle Lebensmittel finden sich in fast allen Warenklassen wieder: in Molkereierzeugnissen (Weiße Linie), alkoholfreien Getränken, Backwaren, Süßwaren, Getreideprodukten, Fetten und Ölen, Fleisch- und Wurstwaren, speziellen Kinderprodukten und sogar in Eiern.[32] Die Inhaltsstoffe funktioneller Lebensmittel sind sehr vielfältig. Tabelle 2 gibt einen Überblick über die bekanntesten Nährstoffgruppen und Wirkstoffbeispiele.

Tabelle 2: Überblick der bekanntesten funktionellen Inhaltsstoffe

Nährstoffgruppen	Wirkstoffbeispiele
Vitamine	Provitamin A (Carotin), Vitamin C, und E, B-Vitamine
Mineralstoffe und Spurenelemente	Biotin, Niacin, Calcium, Magnesium, Eisen, Kalium, Natrium, Jod, Selen, Fluorid, Folsäure, Zink, Flavonoide
Probiotika	Milchsäurebakterien
Ballaststoffe und Prebiotika	Kohlenhydrate, Inulin, Oligofruktose
Fettsäuren	Omega-3-Fettsäuren
Sekundäre Pflanzenstoffe	Phytosterine, Phytosterole
Sonstige Stoffe	Kräuter, Aloe Vera, Kombucha, Koffein, Taurin

Quelle: Eigene Darstellung nach Kraemer (2008), S. 6 und Verbraucherzentrale (2005), S. 20

---

[27] Vgl. Menrad (2000). S. 16 und Herrmann (2003), S. 36
[28] Vgl. Verbraucherzentrale (2005), S. 30 und Menrad (2005), S. 56
[29] Vgl. Sabersky (2008), S. 14
[30] Relevant Set = Eine vom Verbraucher getroffene Auswahl an Produkten, aus einem bestimmten Produktangebot, welche für den Kauf in Frage kommen.
[31] Vgl. Matiaske (2005), S. 15-16
[32] Vgl. Herrmann (2003), S. 61

Folgende Zielfunktionen des Körpers sind für die Entwicklung von Functional Food von besonderem Interesse[33]:

- Physiologie des Magen-Darm-Trakts,
- Abwehr reaktiver Oxidantien,
- Herz-Kreislauf-System,
- Knochengesundheit,
- Stoffwechsel,
- Wachstum und Entwicklung,
- Verhalten und Stimmung,
- Geistige und körperliche Leistungsfähigkeit.

Für ein tiefergehenderes Verständnis, welche weiteren Wirkstoffe für die Beeinflussung bestimmter Zielfunktionen im Körper eingesetzt werden können, gibt die Tabelle im Anhang (siehe Anhang 2) der Studie Auskunft.

In Tabelle 3 werden einige Produktbeispiele aus unterschiedlichen Warengruppen vorgestellt und ihre jeweiligen funktionellen Inhaltstoffe angegeben. Die Definition von Functional Food ist in der Darstellung sehr weit gegriffen.[34]

---

[33] Vgl. Menrad (2000), S. 21
[34] Vgl. Dustmann (2006), S. 69

Tabelle 3: Produktbeispiele für Functional Food

Warengruppe	Produktbeispiel	Hersteller	Funktioneller Inhaltstoff
Margarine	Becel pro-activ	Unilever	Phytosterine
Joghurt/ Joghurtdrinks	Actimel	Danone	Probiotika
	Nestlé LC1	Nestlé	
	Yakult	Yakult	
	Bi'AC	Müller (Aldi)	
	Fruchtzwerge	Danone	Calcium, Vitamin D
Fruchtsaft- getränke	Frühstückssaft	Eckes	Vitaminisierung ACE
	ACE-Drink	Müller	
Energydrinks	Red Bull	Red Bull	Taurin, Koffein
Backwaren	Omega-3-Brot	Diverse	Omega-3-Fettsäuren
	Balance Brot	PEMA	Prebiotika mit Inulin
Kaugummis	Wrigley's Extra + Calcium	Wrigley	Xylit, Calcium
Bonbons	Nimm2	Storck	Vitamine
	Wick Plus C	Wick	Vitamin C
Tierische Erzeugnisse	Omega-3-Eier	Natura	Omega-3, Jod, Vitamin E
Salz	Marken Jodsalz	Bad Reichenhal- ler	Jod, Fluorid, Folsäure
Cerealien	Vitalis Müsli Plus	Dr. Oetker	Prebiotika mit Oligofruktose
	Kellog's Special K	Kellogs	Vitamine, Eisen

Quelle: Eigene Darstellung erweitert nach Dustmann (2006)

2.4 Risiken und Gefahren von Functional Food

Bei einer oberflächigen Betrachtung des Konzepts von Functional Food spricht alles für
eine Ausweitung des Angebots dieser gesundheitsfördernden Lebensmittel. Jedoch sollten die Argumente von Functional Food-Kritikern nicht unberücksichtigt bleiben, da sie
einen großen Einfluss auf die Wahrnehmung von Functional Food bei den potenziellen
Verbrauchern haben können. Ob funktionelle Lebensmittel in den Augen der Konsumenten glaubwürdig sind oder nicht hängt daher auch von der Bewertung durch

Verbraucherschutzinstitutionen ab. Vor folgenden Risiken und Gefahren von Functional Food warnen Experten und Verbraucherschützer gleichermaßen:

Nebenwirkungen durch Überdosierung: Viel hilft nicht immer viel, so dass es beim Verzehr einer überdurchschnittlichen Menge an funktionellen Produkten zu negativen Effekten kommen kann. Es ist zum Beispiel bekannt, dass Prebiotika bei einem übermäßigen Verzehr abführend wirken.[35] Auch beim Verzehr von verschiedenen Produkten mit dem gleichen Inhaltsstoff können Probleme auftreten. Wer über den Tag verteilt zwei Gläser ACE-Saft, Frühstücksflocken mit Vitaminen, vitaminisierte Bonbons und einen angereicherten Fruchtjoghurt zu sich nimmt, kann die empfohlene Tagesmenge an bestimmten Vitaminen in einem bedenklichen Rahmen übersteigen.[36] Die Angst vor der Unterversorgung mit Nährstoffen ist mitunter Grund für die hohen Wachstumsraten von Functional Food. Tatsächlich gibt es, laut der Nationalen Verzehrsstudie 2008 des Bundesministeriums für Ernährung, Landwirtschaft und Verbraucherschutz, zumindest in Deutschland lediglich eine leichte Unterversorgung mit Ballaststoffen, Vitamin D, Folsäure, Eisen, Jod und Calcium.[37] Das Angebot an zugesetzten Stoffen im Handel ist aber sehr viel größer und vielfältiger.

Nebenwirkungen bei Risikogruppen: Bei der Risikogruppe der Raucher haben Studien belegt, dass eine hohe Zufuhr an isoliertem Beta-Carotin (Vitamin A), wie es zum Beispiel in großen Mengen in ACE-Säften vorkommt, mit einem erhöhten Lungenkrebsrisiko einhergeht.[38] Manche Produkte sind auch nicht für Kinder, Schwangere oder stillende Personen geeignet, da die Wirkung noch nicht näher erforscht wurde oder für ungeeignet befunden wurde. Beispiele sind hier koffeinhaltige Getränke oder Margarine mit Pflanzensterinen.[39]

Wechselwirkungen und Langzeiteffekte: „Forschungsbedarf besteht auch bei Langzeit- und Synergieeffekten mit anderen Nahrungsbestandteilen oder der Kombination mehrerer funktioneller Lebensmittel."[40] Bei gleichzeitigem Konsum von mehreren funktionellen Produkten oder bei paralleler Einnahme von Medikamenten, können unerwünschte Wechselwirkungen auftreten, da sich die Wirkstoffe gegenseitig negativ oder positiv beeinflussen können. Bei Einnahme von cholesterinsenkenden Medikamenten sollte

---

[35] Vgl. Menrad (2000), S. 114
[36] Vgl Verbraucherzentrale (2005), S. 46
[37] Vgl. Bundesforschungsinstitut für Ernährung und Lebensmittel (2008), S. 167 - 172
[38] Vgl. Menrad (2000), S. 114 und König (2005), S. 43
[39] Vgl. Verbraucherzentrale (2005), S. 62 und Verbraucherzentrale und BfR (2007), S.44
[40] Krauße (2007), S. 54

zum Beispiel ein Arzt konsultiert werden bevor Margarine mit Pflanzensterinen verzehrt wird.[41] Darüber hinaus ist der Zeitraum der Studien zur Wirksamkeit der funktionellen Lebensmittel aus Kostengründen oftmals zu kurz, um verlässliche Informationen
über Langzeitwirkungen der Inhaltsstoffe zu gewinnen. Dies kann zu einem Gesund-
heitsrisiko werden.[42]

Begünstigung einer Fehlernährung: Süßigkeiten werden nicht gesünder nur weil sie mit
Vitaminen angereichert sind.[43] Doch genau dies kommuniziert oftmals die Werbung für
diese Produkte. Dadurch kann eine Fehlernährung gefördert werden. "Süßigkeiten, die
als gesund angepriesen werden, können leicht missverstanden werden und zu erhöhtem
und unreflektiertem Konsum verleiten."[44] Auch befürchten Verbraucherschützer, dass
funktionelle Lebensmittel als bequemer Ausgleich zu einer ungesunden Lebensweise
angesehen werden und keinen Wert mehr auf eine ausgewogene Ernährung mit natürlichen Produkten gelegt wird. Dies kann zu einer Mangelernährung führen.[45] Funktionelle
Lebensmittel sind keine Garantie für eine ausgewogene Ernährung und Ernährungsfeh-
ler lassen sich durch funktionelle Lebensmittel nicht ausgleichen.[46]

Irreführung des Verbrauchers: Oftmals werden herkömmlichen Lebensmitteln einfach
Vitamine und andere Gesundheitsstoffe zugesetzt, um diesen ein positives Image zu
verleihen und positive Assoziationen hervorzurufen. Nicht selten werden sogar nur Spu-
ren an Wirkstoffen oder Aromen den Produkten zugefügt und angepriesen. Der Wir-
kerwartung des Verbrauchers kann ein solches Produkt aber nicht gerecht werden.[47] Die
Wirkungslosigkeit ist nicht unbedingt eine Gefahr für den Verbraucher, aber dennoch
ein ernstzunehmendes Argument der Verbraucherschützer gegen die Irreführung der
Konsumenten.

Unzureichende Studien: Bisher sind nur wenige funktionelle Inhaltstoffe ausreichend
wissenschaftlich erforscht worden. Oftmals weisen die zugrunde liegenden Untersu-
chungen auch methodische Mängel und Unzulänglichkeiten auf.[48] Denn fast nur große
Unternehmen können sich umfassende und komplexe Studien, wie Interventionsstudien

---

[41]   Vgl. Verbraucherzentrale und BfR (2007), S. 44
[42]   Vgl. Menrad (2000), S. 116
[43]   Vgl. Verbraucherzentrale (2005), S. 44
[44]   Krauße (2007), S. 56
[45]   Vgl. Menrad (2000), S. 117
[46]   Vgl. Krauße (2007), S. 54
[47]   Vgl. König (2005), S. 40
[48]   Vgl. Menrad (2000), S. 119

am Menschen, leisten.[49] Der durch Studien belegte gesundheitliche Zusatznutzen eines funktionellen Produkts bedeutet somit nicht immer gleichzeitig, dass der Verzehr dieses Produkts gänzlich unbedenklich ist.[50]

Verbraucherschützer stehen den angereicherten Nahrungsmitteln in vielerlei Hinsicht kritisch gegenüber und äußern starke Bedenken. Viele Gegner von Functional Food lehnen die Anreicherung von Lebensmitteln generell ab und argumentieren, dass Lebensmittel, welche von Natur aus funktional sind, die gesünderen Lebensmittel seien.[51] Durch die zugesetzten Inhaltsstoffe gehen von funktionellen Lebensmitteln tendenziell mehr gesundheitliche Risiken aus als von naturbelassenen Lebensmitteln. Ein kritischer Umgang mit Functional Food ist daher, trotz aller gesundheitlichen Nutzenversprechen, durchaus angebracht. Der Verbraucher sieht sich in Bezug auf Functional Food, laut Verbraucherschutzorganisationen, einer ungenügenden Informationstransparenz gegenüber. Die Verbraucherzentrale fordert daher eine eindeutigere Kennzeichnung der Risiken und eine gesonderte Platzierung im Handel.[52] Des Weiteren muss dem Verbraucher aufgezeigt werden, dass eine ungesunde Lebensweise nicht mit dem Verzehr von einzelnen funktionellen Lebensmitteln ausgeglichen werden kann, sondern nur einen von vielen Bestandteilen einer ausgewogenen und abwechslungsreichen Ernährung darstellen sollte.[53]

2.5 Aktuelle Rechtslage

Funktionelle Lebensmittel sind Lebensmittel und keine Arzneimittel. Jedoch versprechen diese Produkte Wirkungen, die sonst nur Arzneimitteln zugesprochen werden.[54] Die Produkte befinden sich daher oft in einer Grauzone zwischen Nahrung und Arzneimittel, was ihre rechtliche Einordnung schwierig gestaltet.[55]

Japan ist weltweit das einzige Land, welches speziell für diese Produktkategorie genaue gesetzliche Regelungen eingeführt hat. Wie bereits kurz erwähnt, werden Funktionelle Lebensmittel hier, wenn bestimmte Voraussetzungen vorliegen, mit dem Siegel FOSHU (Food for Specified Health Use) ausgezeichnet. Dieses Siegel wird durch ein unabhän-

---

[49] Vgl. Dustmann (2006), S. 57 und S. 81
[50] Vgl. O.V. (2009), S. 23
[51] Vgl. Sabersky (2008), S.94
[52] Vgl. Verbraucherzentrale und BfR (2007), S. 41
[53] Vgl. König (2005), S.52 und Schleifer (2005), S. 18
[54] Vgl. Sohnsmeyer (2008), S. 13
[55] Vgl. Verbraucherzentrale (2005), S. 22

giges Expertengremium im Einzelfallverfahren vergeben.[56] In Europa hingegen ist der Begriff „Functional Food" nicht legal definiert. Es gibt dennoch gesetzliche Rahmenbedingungen für diesen Produktbereich.[57] Da es bisher in den EU-Mitgliedstaaten keine einheitliche Regelung zur Bewerbung von Lebensmitteln gab, hat die Europäische Kommission die so genante Health-Claims-Verordnung initiiert. Es handelt sich um eine EU-weit geltende Rechtsvorschrift über nährwert- und gesundheitsbezogene Angaben, welche am 1. Juli 2007 in Kraft getreten ist.[58] Die Verordnung soll zur Harmonisierung beitragen und so mehr Rechtssicherheit in Bezug auf Angaben von Lebensmittelherstellern schaffen, den Verbraucherschutz fördern und gleiche Wettbewerbsbedingungen für die gesamte Lebensmittelindustrie ermöglichen.

In der deutschen Gesetzgebung sind die in Tabelle 4 aufgezählten Gesetze für die Regelung von Functional Food besonders maßgebend.

Tabelle 4: Wichtige gesetzliche Richtlinien in Bezug auf Functional Food

Gesetz	Regelungsgegenstand
Lebensmittel- und Futtermittelgesetzbuch (LFGB), insbesondere §11 Schutz vor Täuschen und § 12 Verbot krankheitsbezogener Werbung	Gesundheitsbezogene Angaben
Europäische Health Claim-Verordnung VO (EG) Nr. 1924/2006	Nährwert- und gesundheitsbezogene Angaben
Novel Food-Verordnung (EG) Nr. 258/97	Neuartige Lebensmittel
Anreicherungs-Verordnung (EG) Nr. 1925/2006	Angereicherte Lebensmittel

Quelle: Eigene Darstellung nach Bund für Lebensmittelrecht und Lebensmittelkunde (2009)

Nach dem *Lebensmittel- und Futtermittelgesetzbuch* sind gesundheitsbezogene Angaben zulässig, soweit sie nicht irreführend sind (§11 LFGB). Aussagen mit Krankheitsbezug, auch wenn sie wissenschaftlich belegt sind, sind dagegen generell verboten (§12 LFGB). Das Verbot soll den Verbraucher vor falscher Selbstmedikation schützen und eine Gleichsetzung der funktionellen Lebensmittel mit Arzneimitteln verhindern.[59] Es darf daher gesagt werden, dass Calcium zum Aufbau der Knochen beiträgt. Aber die

---

[56]   Vgl. Rogdaki (2003), S. 6
[57]   Vgl. Schomburg (2008), S. 21 und Sohnsmeyer (2008), S. 37
[58]   Vgl. Europäische Union (2007)
[59]   Vgl. Maciejewski (2008), S. 54

Aussage, dass Calcium das Osteoporoserisiko mindern kann, ist nicht erlaubt.[60] Jedoch besteht in der Praxis oft eine unklare Abgrenzung zwischen den Begriffen krankheitsbezogen und gesundheitsbezogen, so dass von der Lebensmittelindustrie viele grenzwertige Angaben gemacht werden. Jeder unklare Fall müsste individuell in der Rechtssprechung überprüft werden.

Am 1. Juli 2007 ist daher die neue *Health-Claims-Verordnung* über nährwert- und gesundheitsbezogene Angaben in Kraft getreten. Durch sie soll eine irreführende Etikettierung und Werbung über Ernährungs- und Gesundheitsangaben von vornherein verhindert werden. Im Gegensatz zu dem früheren Motto „Was nicht verboten ist, ist erlaubt" gilt nun nach der neuen Verordnung „Was nicht erlaubt ist, ist verboten".[61] Die Health-Claims-Verordnung soll festlegen, wann nährwert- und gesundheitsbezogene Angaben im Zusammenhang mit einem Lebensmittel gemacht werden dürfen und wann nicht. Generell dürfen Hersteller nur mit Angaben werben, wenn sie wissenschaftlich belegt sind. Doch zusätzlich müssen die Angaben auf einer Positivliste der EU aufgeführt sein. Diese Liste umfasst alle zurzeit zugelassenen Health-Claim-Aussagen. Diese Liste kann im Einzelfall auch krankheitsbezogene Werbeaussagen zulassen.[62] Zusätzlich muss sich die Etikettierung zukünftig nach spezifischen Nährwertprofilen in Bezug auf den Gehalt an Nährstoffen, Fett, gesättigten Fettsäuren, Zucker und Salz richten. Dies soll zum einen sicherstellen, dass Lebensmittel, die mit positiven Gesundheitseffekten beworben werden, nicht gleichzeitig bei übermäßigem Verzehr gesundheitsschädigend sind. Zum anderen soll diese Maßnahme zur besseren Aufklärung der Verbraucher und zum Schutz vor Irreführung dienen. „Die Health-Claims-Verordnung bietet mittelfristig die Chance, die Glaubwürdigkeit von Functional Food in den Augen der Verbraucher zu unterstützen", meint Michaela Hockenberger, Director Marketing & Corporate Communications bei ACNielsen Deutschland.[63]

Des Weiteren unterwirft die so genannte *Novel Food-Verordnung* neuartige, das heißt vor dem 15. Mai 1997 nicht in der EU in nennenswertem Umfang verzehrte Lebensmittel, vor ihrem Inverkehrbringen einem Genehmigungsverfahren. Nur ausdrücklich genehmigte neuartige Lebensmittel beziehungsweise Lebensmittelzutaten dürfen in der EU vermarktet werden. Zum Beispiel fiel die cholesterinsenkende Margarine Becel pro-

---

[60] Vgl. Verbraucherzentrale (2005), S. 2
[61] Vgl. Heinz (2007), S. 115
[62] Vgl. Schomburg (2008), S. 111 - 127
[63] Vgl. AC Nielsen (2006a)

activ mit Phytosterolen wegen ihrer Neuartigkeit unter die Novel Food-Verordnung und wurde durch die Europäische Kommission genehmigt. [64]

Bei der Frage, welche Vitamin- und Mineralstoffverbindungen zugesetzt werden dürfen und welche Anforderungen an die Kennzeichnung zu stellen sind, ist die europäische „Verordnung über den Zusatz von Vitaminen und Mineralstoffen sowie bestimmten andere Stoffen zu Lebensmitteln", die so genannte *Anreicherungs-Verordnung* heranzuziehen. [65]

---

[64] Vgl. Schomburg (2008), S. 99- 103
[65] Vgl. Bund für Lebensmittelrecht und Lebensmittelkunde (2009), S. 2

3. Der Markt für Functional Food

Zum besseren Verständnis der Marktgegebenheiten, werden im folgenden Kapitel die Entwicklungen und Trends umrissen, welche Einfluss auf das Potenzial von Functional Food nehmen können. Anschließend wird ein Einblick in die nationale und internationale Marktentwicklung, sowie in die Anbieterstruktur in Deutschland gewährt. Zum Abschluss der Beleuchtung des Marktes werden die Grenzen des Wachstums für Functional Food aufgezeigt.

3.1 Beeinflussende Trends

Seit einiger Zeit gibt es auf der Seite der Konsumenten deutliche Trends, welche sich voraussichtlich auch auf das Wachstum der Functional Food-Märkte auswirken werden. Diese Entwicklungen kann man in quantitative und qualitative Trends unterteilen.

3.1.1 Quantitative Trends

Bei den quantitativen Trends ist vor allem die *Entwicklung der Bevölkerungsstruktur* zu berücksichtigen, auch bekannt unter dem Begriff „demografischer Wandel". Durch den Rückgang der Geburtenraten sowie eine, durch den medizinischen Fortschritt bedingte, gestiegene Lebenserwartung ist eine Veränderung der Altersstruktur zu verzeichnen. Die altersmäßige Zusammensetzung der Bevölkerung in Deutschland hat sich schon in den letzten Jahren verändert und diese Entwicklung wird sich in Zukunft deutlich beschleunigen.[66] Das Wachstum der Gesamtbevölkerung wird bis zum Jahr 2030 rückläufig sein, wobei der Anteil der Menschen ab 50 Jahren an der deutschen Gesamtbevölkerung bis 2030 voraussichtlich von 41% auf 49% steigen wird (siehe Abbildung 1).

---

[66] Vgl. Statistisches Bundesamt (2009), S. 513

Abbildung 1: Darstellung der Bevölkerungsentwicklung in Deutschland

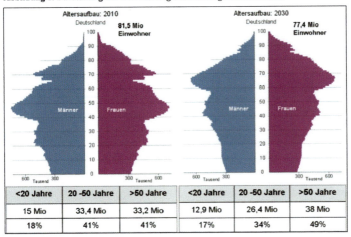

<20 Jahre	20 -50 Jahre	>50 Jahre	<20 Jahre	20 -50 Jahre	>50 Jahre
15 Mio	33,4 Mio	33,2 Mio	12,9 Mio	26,4 Mio	38 Mio
18%	41%	41%	17%	34%	49%

Quelle: Eigene Darstellung nach Statistisches Bundesamt. http://www.destatis.de/bevoelkerungspyramide (Stand: 24.02.2010)

Neben der Bevölkerungsentwicklung ist auch die *Haushaltsstruktur* von Bedeutung, da private Haushalte als Konsumenten die Kaufentscheidung treffen. Obwohl die Bevölkerungszahl rückläufig ist, prognostiziert das Statistische Bundesamt eine Zunahme der privaten Haushalte und einen Rückgang der Haushaltsgrößen. In Deutschland gibt es ca. 81,5 Millionen Einwohner und davon leben 71% mit steigender Tendenz in 1- beziehungsweise 2-Personen-Haushalten.[67] Neben vielen Faktoren tragen vor allem eine steigende Anzahl älterer Menschen sowie die Tendenz zu sinkenden Geburtenraten und Single-Haushalten zu diesem Trend bei. In den westlichen Bundesländern sinkt die durchschnittliche Haushaltsgröße von 2007 bis 2020 voraussichtlich von 2,1 auf 2,0, in den neuen Ländern von 2,0 auf 1,9 und in den Stadtstaaten von 1,8 auf 1,7 Personen je Haushalt.[68]

Als weiterer wichtiger quantitativer Trend ist der Wandel der *Einkommensstruktur* zu nennen. Dieser hat einen großen Einfluss auf das Konsumverhalten und die Esskultur der Menschen. Es ist erwähnenswert, dass sich das Wohlstandsgefälle vergrößern wird. Der Anstieg der Arbeitslosenquote und die wachsende Zahl ärmerer Alleinerziehendenhaushalte auf der einen Seite und die Zunahme von finanzstarken kinderlosen Doppel-

---

[67] Vgl. Hofmann (2009), S. 9
[68] Vgl. Statistisches Bundesamt (2007)

verdienerhaushalten auf der anderen Seite sind Teilaspekte dieser Entwicklung. Eine Polarisierung der Märkte ist das Resultat, so dass es verstärkt Zuwächse sowohl im Niedrigpreissegment als auch im Hochpreissegment geben wird. Dies geschieht auf Kosten des Mittelpreissegments.[69] Diese Entwicklung zwingt die Lebensmittelhersteller zu einer gezielten Positionierung der Produkte: entweder Produkte zur Grundnutzenbefriedigung im Niedrigpreissegment oder Produkte mit Zusatznutzen oder Erlebnisorientierung im Hochpreissegment.[70]

Bedingt durch die Änderung der Einkommensstruktur hat sich auch der Umsatzanteil der Discounter stark erhöht. Bereits im Jahr 2006 lag der Anteil bei 42,5% und er wird noch weiter steigen. Insbesondere der Discounter ALDI hat in den letzten Jahren stetig Marktanteile hinzugewonnen.[71]. Das *Wachstum der Discountermärkte* hat auch Einfluss auf die Entwicklung der Sortimentspolitik im Lebensmitteleinzelhandel, so dass Handelsmarken[72] inzwischen die dominierende Angebotsform darstellen. In 2006 haben Handelsmarken bereits 36% des gesamten Umsatzes des Lebensmitteleinzelhandels ausgemacht. Diese Entwicklung hat einen erhöhten Preisdruck auf Markenhersteller zur Folge. Zusätzlich bauen viele Handelsketten analog zu den Premiummarken von Markenherstellern eigene Mehrwert-Handelsmarken aus, deren Preise trotz guter Qualität deutlich unter denen der Premiummarken liegen.[73] Markenhersteller bekommen demnach verstärkt Wettbewerbsdruck von Seiten der Handelsmarken und müssen entsprechend mit innovativen Lebensmitteln mit differenzierten Alleinstellungsmerkmalen reagieren.

3.1.2 Qualitative Trends

Um Verbrauchertrends in Bezug auf funktionelle Lebensmittel analysieren zu können bedarf es neben den quantitativen Trends auch der Bestimmung qualitativer Trends. Diese resultieren zum Teil aus den quantitativen Entwicklungen. Die wichtigsten beeinflussenden Trends sind *Convenience*[74], *Gesundheit* und *Genuss* (siehe Abbildung 2), welche in Relation zum Gesamtmarkt der Konsumgüterbranche ein überproportionales Wachstum aufweisen. Die Ausgaben privater Verbraucher für den Konsumgüterge-

---

[69] Vgl. Dustmann (2006), S. 38
[70] Vgl. Herrmann (2003), S. 15
[71] Vgl. Menrad (2005), S. 56
[72] Handelsmarken= Eigenmarken von Handelsunternehmen
[73] Vgl. GfK Panel Service Deutschland (2007), S. 19-21
[74] Convenience = Bequemlichkeit

samtmarkt sind zwischen den Jahren 2002 und 2006 nur um 5% gestiegen. Wohingegen der Markt für Convenience-Produkte ein Wachstum von 39% aufweist. Ebenso zeigen die Märkte für Gesundheitsprodukte und die Genussmärkte ein überproportionales Wachstum von 23% beziehungsweise von 16%. Aber auch die beiden gesellschaftlichen Trends *Qualität* und *Nachhaltigkeit* werden im Folgenden näher erläutert.

Abbildung 2: Wachsende Märkte Convenience, Gesundheit und Genuss[75]

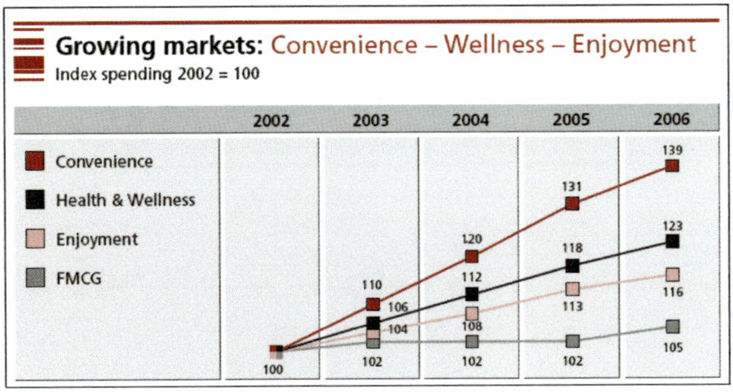

Quelle: GfK Panel Service Deutschland (2007), S. 11

Die Nachfrage nach so genannten Convenience-Produkten wird auch weiterhin steigen. Die zuvor erwähnte Zunahme der privaten Haushalte bei rückläufiger Haushaltsgröße wirkt sich insofern auf die Ernährungs- und Einkaufsgewohnheiten der Menschen aus, als dass in kleinen Haushalten seltener aufwändig gekocht wird und daher die Nachfrage nach einfach und schnell zuzubereitenden Nahrungsmitteln steigt. „Chronischer Zeitmangel ist ein weit verbreitetes Phänomen."[76] Darüber hinaus werden kleine Packungsgrößen bevorzugt gekauft.[77]

Der neuste Trend geht zu Convenience in Verbindung mit Gesundheit. Tütensuppen der Marken Knorr und Maggi, welche mit Vitaminen angereichert werden, sind hier als zeitgemäße Beispiele zu nennen. Diese Produkte versprechen nicht nur eine schnelle und einfache Zubereitung, sondern auch noch einen Nutzen für die Gesundheit.[78] Lebensmittel, die gezielt mit ihrem Gesundheitsnutzen beworben werden, können nicht

---

[75] FMCG = Fast Moving Consumer Goods (Konsumgüter)
[76] A.C. Nielsen (2007), S. 7
[77] Vgl. Dustmann (2006), S. 24
[78] Vgl. Maciejewski (2008), S. 13 und Krauße (2007), S. 58

32

nur eine Antwort auf den Gesundheitstrend sein, sondern auch auf das Streben nach Bequemlichkeit. „Der Verbraucher möchte stressfrei gesund genießen."[79]

„Die Zahl derjenigen Konsumenten, die Gesundheit essen und trinken wollen, wächst stetig. Gesunde Ernährung wird daher zu einem entscheidenden Katalysator für die Food-Märkte." so Thomas Bachl, Geschäftsführer GfK Panel Services Deutschland.[80] Mehrere Faktoren, wie zum Beispiel die Zunahme der Lebenserwartung, erhöhte Kosten im Gesundheitswesen, das Bedürfnis nach mehr Lebensqualität und neuste Erkenntnisse der Wissenschaft tragen zu einem gestiegenen Interesse an gesundheitsbewusster Ernährung bei. Allen voran sind die Verbraucher über 60 Jahren, welche sich zahlenmäßig immer weiter ausdehnen und zusehends selbst Verantwortung für ihr gesundheitliches Wohlbefinden nehmen wollen.[81] Gesund alt werden, ohne alt zu sein, könnte man die allgemeine Einstellung vereinfacht beschreiben. Um dieses Ziel zu erreichen, betreiben viele Menschen Gesundheitsprävention, was sich unter anderem im Konsum gesundheitsfördernder Lebensmittel äußert.[82] Essen und Trinken dient heutzutage also nicht mehr zur reinen Nahrungsaufnahme, sondern ist zugleich eine Art Gesundheitsvorsorge. Die Befriedigung von elementaren Bedürfnissen, wie Sättigung, spielt eher eine untergeordnete Rolle.

Zwischen der Einstellung zu gesunder Ernährung und dem tatsächlichen Ernährungsverhalten im Alltag besteht allerdings eine gewisse Diskrepanz. Der *Genuss* gehört nämlich auch zu den Hauptnachfragetrends. Für die meisten Konsumenten steht dieser Aspekt bei der individuellen Wahl der Lebensmittel ganz vorne.[83] „Verbraucher suchen daher häufig einen Kompromiss zwischen Gesundheit, Genuß und Bequemlichkeit."[84] Dies bietet ein enormes Potenzial für den Lebensmittelmarkt. In wohlschmeckenden Lebensmitteln, die zugleich einen hohen Gesundheitswert haben und einfach in der Handhabung sind, stecken starke Erfolgschancen. Die Zukunft der Ernährung wird eine *Synthese aus Convenience, Gesundheit und Geschmack* sein.[85] „Jene Unternehmen, die gesundheitsfördernde Produkte herstellen, welche auch noch gut schmecken und quasi verzehrfertig sind, können mit einer hohen Akzeptanz rechnen."[86]

---

[79] Deutsche Gesellschaft für Ernährung (2002), S. 1
[80] GfK Panel Service Deutschland (2007), S. 9
[81] Vgl. Maciejewski (2008), S. 14
[82] Vgl. Krauße (2007), S. 26
[83] Vgl. Herrmann (2003), S.16
[84] Herrmann (2003), S. 18
[85] Vgl. Krauße (2007), S. 44
[86] Krauße (2007), S. 48

Neben den Trends Convenience, Gesundheit und Geschmack spielen bei Functional Food auch die Trends *Qualität und Nachhaltigkeit* eine Rolle. Die Verbraucher werden immer preissensibler bei gleichzeitig hohen Qualitätsansprüchen.[87] Das bedeutet, dass zwischen der Qualität eines Produkts und dem Preis eine angemessene Relation bestehen muss. Günstigere Produkte müssen über eine annehmbare Qualität verfügen und Produkte im Premium-Preissegment sollten ihren höheren Preis über Zusatznutzen und eine herausragende Qualität rechtfertigen.[88] Bezeichnend für den Trend der Nachhaltigkeit ist der Begriff *LOHAS*. Die Abkürzung steht für *Lifestyle of Health and Sustainability* und spiegelt in erster Linie nicht nur einen allgemeinen Trend wider, sondern vielmehr eine ständig wachsende Zielgruppe und deren neuer Lebensstil. Für diese Personengruppe sind Gesundheitswert und Nachhaltigkeit von Bedeutung und sie beschäftigt sich stark mit ökologischen und sozialen Themen. Ihre Einstellungen und Werte drücken sie auch in der Wahl Ihrer Lebensmittel aus.[89] Ob die Anhänger dieses Lebensstils für Functional Food begeistert werden können, ist fraglich. Im Lebensmittelbereich werden im Grunde bevorzugt Bioprodukte, regionale Produkte mit guter CO_2-Bilanz und Fair-Trade Produkte gekauft. Einig sind sich die Experten darüber, dass es sich um eine sehr interessante Premium-Zielgruppe der Zukunft handelt. Das Zukunftsinstitut ist der Meinung, dass die LOHAS schon im Jahre 2015 die Konsummärkte weltweit dominieren werden.[90] Lebensmittel mit öko-sozialem Mehrwert stellen somit eine Wachstumschance in gesättigten Märkten dar.[91] Hersteller funktioneller Lebensmittel sollten den Nachhaltigkeitstrend bei der Wahl des Herstellungsverfahrens und den Inhaltsstoffen der Lebensmittel daher nicht unberücksichtigt lassen.

3.2 Nationale und internationale Marktentwicklung

Da es viele unterschiedliche Definitionen von Functional Food gibt und keine klar abgegrenzte Functional Food-Industrie existiert, ist eine eindeutige Angabe über das Marktvolumen und die Marktentwicklung sehr schwierig.[92] In der Literatur findet man Schätzungen zum Marktvolumen zwischen 400 Millionen und 2,5 Milliarden €.[93] Als wichtigste Märkte für funktionelle Lebensmittel werden aber übereinstimmend die

---

[87] Vgl. Dustmann (2006), S. 38
[88] Vgl. Herrmann (2003), S.22
[89] Vgl. Aue (2008), S.4
[90] Vgl. Kreutle (2009),. S. 33
[91] Vgl. Aue (2008), S. 15
[92] Vgl. Menrad (2005), S. 63
[93] Vgl. Bless (2008), S. 66

USA, gefolgt von Japan und Europa genannt.[94] Innerhalb Europa ist Deutschland der Hauptproduzent und Hauptkonsument von Functional Food.[95] Die Functional Food-Märkte in Frankreich, Großbritannien und den Niederlanden folgen Deutschland bezüglich ihrer wertmäßigen Bedeutung.[96]

Im Jahr 2007 lag der Umsatz an funktionellen Lebensmitteln in den *USA* bei ca. 20 Milliarden €.[97] Vor allem Soja-Produkte sind in den USA sehr beliebt, genauso boomt der Markt für funktionelle Getränke. Pro- und prebiotische Milchprodukte sind eher weniger verbreitet.[98]

In *Japan* lag der Umsatz im Jahre 2004 bei ca. 10 Milliarden € mit mehr als 2000 SKU's[99], wovon über 400 das FOSHU-Siegel trugen.[100] 91% der FOSHU-Produkte sind für die Regulierung des Magen-Darm-Traktes ausgelegt.[101]

In *Europa* wird ein Anstieg der Wettbewerbsintensität sowohl auf Seiten der Wirkstofflieferanten als auch der Hersteller vorausgesagt. Der Gesamtmarkt für funktionelle Lebensmittel befindet sich noch in der Wachstumsphase, wobei einzelne Teilmärkte bereits rückläufig sind, wie zum Beispiel funktionelle Süßwaren.[102] Europa ist allgemein von einer hohen Produktvielfalt und einem vielfältigen Einsatz von Wirkstoffen geprägt. In Europa gibt es, aufgrund eines hohen Wachstumspotentials, weiterhin die Chance zur Premiumpreispolitik, wohingegen Functional Food in den USA und Japan bereits zum Standardsortiment gehört und Premium-Preise nicht mehr ohne weiteres realisierbar sind. 79% der Hersteller bestätigen die Tendenz, dass es genügend Platz für neue Anbieter von Functional Food gibt und Wachstumschancen in fast allen Produktgruppen bestehen.[103]

Für *Deutschland* schätzte das Marktforschungsinstitut AC Nielsen für Functional Food im Jahr 2002 einen Umsatz von 2,25 Mrd. €. Dies entspricht einem Marktanteil von 1,75% am Gesamtmarkt für Lebensmittel. Experten prognostizieren auf dem deutschen Markt ein stetiges Wachstum des Anteils funktioneller Lebensmittel. Bis zum Jahre

---

[94] Vgl. Schomburg (2008), S. 6 und Dustmann (2006)
[95] Vgl. Maciejewski (2008), S. 42
[96] Vgl. Menrad (2005), S. 55
[97] Vgl. Sloan (2008), S. 25
[98] Vgl. von Ribbeck (2005), S. 19
[99] SKU = Stock Keeping Unit (Bestandseinheiten)
[100] Vgl. Yamaguchi (2004), S. 8
[101] Vgl. von Ribbeck (2005), S. 23
[102] Vgl. Dustmann (2006), S. 118
[103] Vgl. von Ribbeck (2005), S.26

2011 wird ein Marktanteil von bis zu 5% vorausgesagt.[104] Die am weitesten verbreiteten Zusatzstoffe funktioneller Lebensmittel in Deutschland waren im Jahr 2002 Vitamine (Multivitamine, ACE- und B-Vitamine), Calcium und Probiotika gefolgt von Eisen und Folsäure.[105]

3.3 Anbieterstrukturen in Deutschland

Hersteller funktioneller Lebensmittel sind hauptsächlich Unternehmen, die auch bekannte herkömmliche Produkte vertreiben und mit funktionellen Lebensmitteln nur ihr bestehendes Portfolio erweitern. Bekannte Ausnahmen sind hier zum Beispiel Yakult und Red Bull, welche sich ganz auf die Herstellung funktioneller Produkte spezialisiert haben.[106] Für die Marktentwicklung funktioneller Lebensmittel wird eher ein Multi-Nischenmarkt als ein Massenmarkt vorhergesagt. Wobei der Markt sowohl für Hersteller als auch für den Handel aufgrund überdurchschnittlicher Gewinnspannen weiterhin attraktiv bleiben wird.[107]

Die Zahl der Anbieter funktioneller Lebensmittel in Deutschland betrug in 2001, je nach Abgrenzung des Begriffs Functional Food, ca. 500 Hersteller, welche insgesamt zwischen 1400 bis 2000 verschiedene Produkte aus 41 bis 60 unterschiedlichen Warengruppen anboten. Anbieter von funktionellen Lebensmitteln in Deutschland können wie folgt kategorisiert werden[108]:

3.3.1 Multinationale Lebensmittelkonzerne

Beispiele: *Nestlé* (z.B. LC1, Fitness Cerealien), *Danone* (z.B. Actimel, Activia, Fruchtzwerge), *Unilever* (z.B. Becel pro-activ), *Kellog's* (z.B. Cornflakes) und *Coca Cola* (z.B. Coca-Cola light Plus, Powerade, Appolinaris), *Dr. Oetker* (z.B. Vitalis Plus)
Charakteristik: Sie verfügen über die notwendigen finanziellen Mittel, um die hohen Kosten der Markteinführung und Forschungs- und Entwicklungsarbeiten zu realisieren.

---

[104] Vgl. Dustmann (2006), S. 118 und 171 und König (2005), S. 35
[105] Vgl. CMA (2007), S. 37
[106] Vgl. Dustmann (2006), S. 65
[107] Vgl. Rogdaki (2004), S. 10
[108] Aufstellung auf der Grundlage von Menrad (2005), S. 63-66

3.3.2 Pharmazeutische Unternehmen

Beispiele: *Novartis Consumer Health* (Aviva*)*, *GlaxoSmithKline* (Odol-med3 Zahnpfle-gekaugummi), *Johnson&Johnson* (Benecol), *Queisser Pharma* in Kooperation mit Bau-er (Doppelherz Joghurt).

Charakteristik: Interessant für diese Unternehmen ist der Markt für funktionelle Produk-te wegen der kürzeren Entwicklungszeiten und geringeren Kosten im Vergleich zu Pharmazeutika. Auch haben diese Unternehmen bereits Erfahrung mit gesundheitsrele-vanten Wirkstoffen und der Organisation von klinischen Studien. Jedoch stoßen Phar-maunternehmen oft auf Schwierigkeiten, da sie nicht mit den Gegebenheiten der Le-bensmittelbranche vertraut sind. Die Floprate von Functional Food von Pharmaunternehmen war in der Vergangenheit recht hoch.[109]

3.3.3 Nationale Marktführer

Beispiele: *Alois Müller* (z.B. Fructiv, Müllermilch), *Bauer* (z.B. Fit& Aktiv), *Eckes-Granini* (z.B. Hohes C, Granini, Frucht Tiger, Dr. Koch Bio Trink 10), *Amecke* (z.B. Amecke Plus), *Becker's Bester* (z.B. Ocean Spray Cranberry), *Kampffmeyer Mühlen* (z.B. Aurora Omega-3 Brötchen)

Charakteristik: Nationale Marktsführer haben sich insbesondere auf funktionelle Milch-produkte und alkoholfreie Getränke spezialisiert.

3.3.4 Handelsunternehmen

Beispiele: *Aldi* (z.B. Bi'AC, VollFit, Rio d'Oro), *Lidl* (z.B. Linessa, ProVlact), *Penny* (z.B. Line, ProVit), *Edeka* (z.B. Gut&Günstig)

Charakteristik: Handelsunternehmen spielen als Anbieter von funktionellen Lebensmit-teln eine wichtige Rolle. Die Marke BI'AC von Aldi konnte sich bereits im Jahr 2000 26% des monetären Marktanteils bei funktionellen Joghurts in Deutschland sichern.

---

[109] Vgl. Dustmann (2006), S. 57

3.3.5 Produzenten funktioneller Inhaltsstoffe

Beispiele[110]: *Roche Vitamins* (z.B. Vitamine), *Degussa AG* (z.B. Pflanzenextrakte), *DSM* (z.B. Probiotika, Enzyme, Grünteeextrakte, Antioxidantien), *ADM* (z.B. Xanthan Gum, Pflanzensterine, Ballaststoffe), *Wild* (z.B. diverse Getränkegrundstoffe), *Christian Hansen* (z.B. Probiotika), *Novozymes* (z.B. Enzyme), *Danisco* (z.B. Pro-und Prebiotika)

Charakteristik: Zulieferunternehmen spielen eine große Rolle als Innovationsquelle der Functional Food-Branche. Fast alle Zulieferunternehmen der Lebensmittelindustrie sind auch an der Entwicklung von funktionellen Inhaltsstoffen beteiligt. Ziel der meisten Zulieferer ist es die Wirksamkeit einer Substanz nachzuweisen und diese an möglichst viele Lebensmittelunternehmen zu vertreiben.

3.3.6 Kleine und mittelständische Unternehmen (KMU)

Charakteristik: KMU konzentrieren sich meist auf sehr kleine Marktnischen und sind „me-too"-Produkte[111]. Fehlendes Know-how und begrenzte finanzielle und personelle Ressourcen verringern die Erfolgschancen am Markt.

3.4 Hemmfaktoren für den Functional Food-Markt

Für das ganze Functional Food-Segment wird ein großes Wachstum vorausgesagt. Jedoch gibt es auch Faktoren, die das prognostizierte Wachstum von Produkten mit gesundheitlichem Zusatznutzen hemmen könnten. Diese Grenzen des Wachstums werden im Folgenden näher betrachtet.

Die *rechtlichen Rahmenbedingungen* in Bezug auf Functional Food stellen eine erhebliche Herausforderung für Innovatoren auf dem Functional Food-Markt dar. Gerade die Einschränkungen in Bezug auf gesundheitliche Wirkversprechen erschweren zum einen die Kommunikation gegenüber dem Verbraucher und führen zum anderen zu erheblichen Forschungs- und Entwicklungskosten noch vor Produkteinführung.[112] Die Entwicklungskosten sind im Vergleich zu herkömmlichen Lebensmitteln daher um ein vielfaches teurer.[113] Für ein Produkt wie Nestlé LC1 oder Unilever's Becel pro-activ

---

[110] Vgl. Menrad (2005), S. 65, Dustmann (2006) S. 229, Barnhart et al (2002), S. 18
[111] „Me-too"-Produkt = Nachahmerprodukt, welches einem meist innovativem Originalprodukt nachempfunden wurde.
[112] Vgl. Menrad (2000), S. 193
[113] Vgl. Matiaske (2005), S. 16

Margarine kann die Grenze von 50 Millionen € durchaus überschritten werden.[114] Die hohen Entwicklungs- und Studienkosten stellen besonders für Klein- und Mittelständische Unternehmen eine erhebliche Eintrittsbarriere dar.

Die wachsende Bedeutung von *Handelsmarken* ist eine weitere Gefahr für Hersteller von Functional Food, da diese Entwicklung mit fallenden Durchschnittspreisen einhergeht. Für viele Deutsche ist der Discounter Aldi die erste Wahl beim Kauf probiotischer Joghurts. Circa 50% aller probiotischen Joghurts werden hier umgesetzt.[115] Diese Entwicklung der *„Aldisierung"* führt zu einem gestiegenen Preisdruck auf die Markenhersteller und kann die Gewinnmargen erheblich reduzieren.[116]

Der Erfolg von funktionellen Produkten ist jedoch auch abhängig von der Konsumentscheidung des Verbrauchers am „Point of Sale". Produktinnovationen sind nicht immer von Erfolg gesegnet, sondern haben eine *hohe Flopquote*. Nur etwa 25% der neu eingeführten Lebensmittel können sich am Markt halten.[117] Die Produktlinie AVIVA des Pharmaunternehmens Novartis, welche verschiedene funktionelle Produkte zur Vorsorge gegen Osteoporose, erhöhten Cholesterinspiegel und Verdauungsprobleme einschloss, ist aufgrund von geringem Umsatz nach kurzer Zeit wieder aus den Regalen des Handels verschwunden. Die Produktlinie war trotz nachgewiesener positiver Wirkung auf die Gesundheit nicht erfolgreich. Weitere Flop-Beispiele sind das Doppelherz-Joghurt und der Zahnpflegekaugummi von Blend-a-med. Mögliche Ursachen für die hohe Flopquoten könnten die meist *hohen Preise* für Functional Food sein oder eine *zu medizinische Kommunikation*, welche dem Produkt zum einen ein „Apotheken-Hochpreisimage" verschafft und zum anderen negative Assoziationen auslösen kann.[118] Ein zu künstlicher, chemischer oder medizinischer Charakter von funktionellen Lebensmitteln wird vom Konsumenten eher negativ beurteilt.

Der anhaltende Wunsch der Verbraucher nach möglichst naturbelassenen Lebensmitteln legt den Verdacht nahe, dass der bestehende *Trend zu Bio-Produkten* eine konkurrierende Gegenbewegung zu den verarbeiteten und angereicherten Functional Food-Produkten darstellt und deren Wachstum begrenzen kann.[119] Der Anteil der Bio-Produkte am deutschen Lebensmittelmarkt ist in den letzten Jahren von 1% auf 3,5%

---

[114] Vgl. Menrad (2005), S. 64
[115] Vgl. Matiaske (2005), S. 13
[116] Vgl. Dustmann (2006), S. 226
[117] Vgl. Eberle (2004), S. 25
[118] Vgl. Herrmann (2003), S.77 und Dustmann (2006), S. 57
[119] Vgl. Potratz, Wildner (1999b), S. 19

gestiegen. Das Marktvolumen von Bioprodukten hat sich ab dem Jahr 2000 verdoppelt und lag im Jahr 2006 bei 4,6 Mrd. €. Vor allem ältere Konsumenten zwischen 50 und 69 Jahren haben eine überdurchschnittliche ökologische Affinität und bevorzugen naturbelassene Lebensmittel.[120]

Das fehlende *Vertrauen der Konsumenten* in die Wirksamkeit, Qualität und Sicherheit der Produkte ist eine der größten Gefahren für den Erfolg von Functional Food.[121] Auch eine Studie von AC Nielsen bestätigt, dass die mangelnde Glaubwürdigkeit, neben hoher Preise, der Hauptgrund für die Ablehnung von funktionellen Produkten ist (siehe Abbildung 3). Viele Produktinnovationen auf diesem Gebiet können am Misstrauen aufgeklärter und kritischer Konsumenten scheitern.[122] Die mangelnde Glaubwürdigkeit von Functional Food wird durch eine eher negative Berichterstattung in den Medien und durch „schwarze Schafe" der Branche noch verstärkt.[123] Weiterhin ist es für Hersteller von Functional Food wichtig, dass die bestehende *Informationsasymmetrie* zwischen Produzenten und Verbrauchern reduziert wird. Viele Verbraucher sind über die gesundheitlichen Wirkungen der Lebensmittel nur sehr gering informiert.[124] Eine zielgruppengerechte Kommunikation der Wirkversprechen und eine Untermauerung durch aussagekräftige und glaubwürdige Studien sind zu empfehlen.[125]

---

[120] Vgl. Hofmann (2009), S. 11
[121] Vgl. Matiakse (2005), S. 16
[122] Vgl. Eberle (2004), S. 51
[123] Vgl. Herrmann (2003), S. 78
[124] Vgl. Potratz,, Wildner (1999a), S. 4
[125] Vgl. Schleifer (2005), S. 17

Abbildung 3: Hauptgründe für den Nicht-Kauf von Functional Food

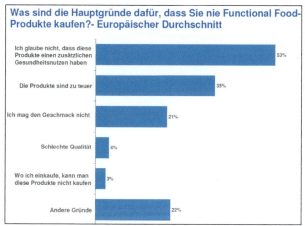

Quelle: AC Nielsen (2008)

Eine *fehlende Zielgruppensegmentierung* und ungenaue Positionierung des Produkts kann unter Umständen auch einen Misserfolg herbeiführen. Der langfristig Erfolg versprechende Weg ist die Ausrichtung des Produktangebots auf die Konsumentenpräferenzen. Auch Ärzte und Gesundheitsexperten haben die Vision, dass funktionelle Lebensmittel zukünftig auf die Gesundheitsbedürfnisse einzelner Konsumentensegmente angepasst werden.[126] Für eine erfolgreiche Etablierung funktioneller Produkte empfehlen Branchenexperten eine deutliche Zielgruppensegmentierung, wie zum Beispiel die Entwicklung funktioneller Lebensmittel speziell für Senioren, Sportler oder Allergiker.[127]

---

[126] Vgl. Schleifer (2005), S. 17- 18
[127] Vgl. Dustmann (2006), S. 146

4. Bedeutung der Best Ager für den Functional Food-Markt

Das folgende Kapitel dient dazu das Konsumentensegment der Best Ager vorzustellen und auf deren Potenzial für den Functional Food-Markt hinzuführen.

4.1 Definition

Senioren, Rentner, die neuen Alten, Best Ager, Master Consumers, Silver Ager, Golden Ager, Senior Dinks, 50plus, 45plus.[128] All dies sind Bezeichnungen für eine attraktive und ständig wachsende Zielgruppe, nämlich die der „älteren Bevölkerung". Die Schwierigkeit der genauen Definition wird durch die enorme Anzahl an Begriffen deutlich. Der Altersbegriff selbst und die Einstellung der Gesellschaft zum Alter und zum Altern verändern sich gerade in den letzten Jahren sehr rasant, deshalb erfinden auch die Marketingagenturen zum einen immer neue Wortkreationen und zum anderen immer neue Abgrenzungsmodelle.[129] Jedoch hat die Gesellschaft für Konsumforschung herausgefunden, dass sich ältere Menschen sehr wenig mit den von Marketingagenturen entwickelten Klassifizierungsversuchen identifizieren können. Je nach Definition kann die ältere Bevölkerung zwischen 45 und 100 Jahren sein. Man bedenke, dass die Differenz zwischen einem 20jährigen und einem 45jährigen gerade einmal 25 Jahre beträgt, wohingegen zwischen einem 45jährigen und einem 95jährigen bereits 50 Jahre liegen.[130] Die Abbildung 4 soll die große Altersspanne, anhand von drei Best Agern in unterschiedlichem Alter, verdeutlichen.

Abbildung 4: Heterogenität der Zielgruppe 45plus

um 50 Jahre   um 60 Jahre   um 75 Jahre

Quelle: PriceWaterhouseCoopers (2006), S. 14

---

[128] Vgl. Meyer-Hentschel (2009), S. 11
[129] Vgl. Senf (2008), S. 17
[130] Vgl. Haimann (2005), S. 123 - 124

„Ältere Menschen sind keine homogene Gruppe. Sie haben sehr unterschiedliche Wünsche, Vorstellungen und Konsumeigenschaften. Sie dürfen auf keinen Fall als einheitliche Kundengruppe betrachtet werden. Allein aufgrund ihrer immensen Größe ist eine genaue Differenzierung dieser Konsumenten zwingend notwendig."[131] Auf dem Markt existieren daher zahlreiche Konzepte und Ansätze für eine Zielgruppensegmentierung nach Faktoren wie Lebensstil, Konsumansätze, Einstellungen und Werte oder einfach nur nach dem chronologischen Alter.[132] Ein Überblick der wichtigsten Segmentierungsmodelle befindet sich im Anhang (Anhang 3). Um Verwirrungen aus dem Weg zu gehen wird die Zielgruppe der Best Ager in der vorliegenden Untersuchung der Einfachheit halber als Zielgruppe 45plus definiert und nicht weiter in Mikrozielgruppen unterteilt. Dass bedeutet, dass im Folgenden die deutsche Bevölkerung ab 45 Jahren betrachtet wird. Eine weitere Differenzierung würde den gegeben Umfang dieser Studiet übersteigen.

4.2 Potenzial der Zielgruppe für den Functional Food-Markt

Das Potenzial der Konsumenten wird langfristig aufgrund rückläufiger Bevölkerungszahlen abnehmen. Daraus ergibt sich eine Schrumpfung des Lebensmittelmarktes in Deutschland und eine steigende Konzentration des Wettbewerbs. Dies wird dazu führen, dass bestimmte Teilmärkte, wie zum Beispiel Menschen ab 45 Jahren, aufgrund ihrer relativen quantitativen Stärke an Bedeutung gewinnen werden.[133] Lebensmittel, welche an die Bedürfnisse älterer Menschen angepasst werden, haben daher große Chancen am Markt erfolgreich zu sein.[134]

Trotz der klaren Zukunftsprognosen zeigt der demografische Wandel aber erstaunlich wenig Auswirkung auf das unternehmerische Handeln. In den meisten Konsumgütersegmenten sind Produkte für ältere Menschen eher die Ausnahme.[135] So auch im Segment für funktionelle Lebensmittel. Bisher gibt es noch *relativ wenige Anbieter* im Functional Food-Bereich, welche sich auf die Bedürfnisse der Zielgruppe 50plus konzentriert haben. „Das Wachstumspotential altersgerecht gestalteter Innovationen wird als überdurchschnittlich eingeschätzt. Doch kaum ein Unternehmen hat bisher reagiert

---

[131] Gassmann (2006), S. 68
[132] Vgl. Pompe (2007), S. 85 und Senf (2008), S. 26-66
[133] Vgl. Dustmann (2006), S. 38
[134] Vgl. Gassmann (2006), S, 1
[135] Vgl. PriceWaterhouseCoopers (2006), S. 10

und sein Produktangebot entsprechend ausgerichtet. Die vorhandenen- aber noch nicht genutzten- Möglichkeiten in diesen Märkten sind enorm."[136] Zwei der wenigen Produkte welche speziell auf die reiferen Konsumenten ausgerichtet sind, sind zum Beispiel die cholesterinsenkende Margarine Becel pro-activ von Unilever und die Produktlinie Activia von Danone.

Neben der *Volumenzunahme* verfügt die ältere Bevölkerung aufgrund der verbesserten gesundheitlichen Vorsorge und des medizinischen Fortschritts über eine *längere Lebenszeit* und ein *späteres Altern* als vergleichbare frühere Generationen. Die heutige ältere Generation fühlt sich viel jünger als ältere Menschen früherer Generationen und bleibt auch länger fit und aktiv. In Zukunft werden somit immer mehr ältere Menschen länger leben und daher auch entsprechend länger konsumieren. Die demografische Entwicklung sollte auf jeden Fall als Faktor in die strategische Markenführung miteinbezogen werden, denn die Relevanz der Jugendmärkte wird auf lange Sicht hin schrumpfen.[137] Diese Entwicklung wird in Abbildung 5 visualisiert.

Abbildung 5: Wachstumsmarkt Best Ager

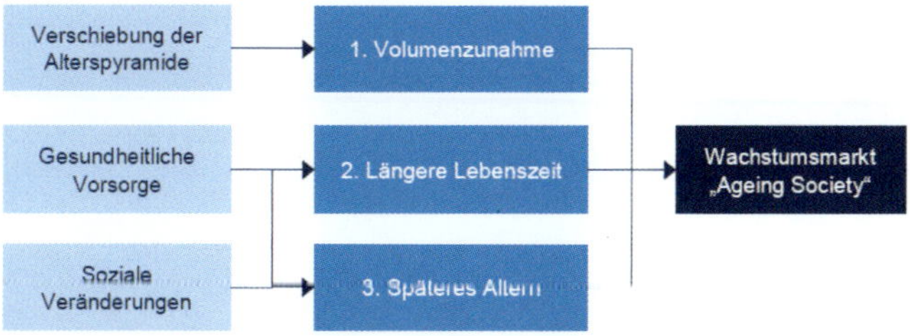

Quelle: PriceWaterhouseCoopers (2006), S. 7

Experten sind sich einig, dass sich in Zukunft der Verzehr funktioneller Lebensmittel auf bestimmte Konsumentengruppen konzentrieren wird. Mögliche Kernzielgruppen könnten Sportler oder gesundheitliche Risikogruppen (zum Beispiel Bluthochdruck, Cholesterin, Übergewicht) sein.[138] Aber wegen der Prognosen zur Bevölkerungsentwicklung, welche davon ausgehen, dass die Anzahl älterer Verbraucher erheblich stei-

---

[136] Gassmann (2006), S. 21
[137] Vgl. PriceWaterhouseCoopers (2006), S. 7
[138] Vgl. Dustmann (2006), S. 121 und S. 146

gen wird, gewinnt vor allem die Zielgruppe der Best Ager an Bedeutung. „Wer sich nicht jetzt schon von den rapide schrumpfenden Gruppen der 14-30-Jährigen verabschiedet und frühzeitig auf die wachsenden Gruppen der 40-, 50-, 60plus-Zielgruppen konzentriert, wird es schwer haben, mittelfristig noch zu existieren. [...] Diese neuen Zielgruppen eröffnen Wachstumsmöglichkeiten, die in den angestammten Segmenten nur noch schwer erreicht werden können."[139] Vor allem Unternehmen der Lebensmittelindustrie, wie zum Beispiel Nestlé und Unilever, die sich auf die Entwicklung von Nahrungsmitteln mit gesundheitlichem Zusatznutzen spezialisiert haben, können in Zukunft deutlich von der alternden Bevölkerung profitieren.[140]

Neben dem wachsenden Anteil an der Gesamtbevölkerung bieten Best Ager noch weitere interessante Eigenschaften, welche eine stärkere Berücksichtigung dieser Zielgruppe im gesamten Marketing-Mix empfehlenswert macht. Ungefähr die Hälfte des deutschen Geldvermögens liegt in den Händen der über 55-Jährigen.[141] Die monatlichen Konsumausgaben der 55- 65-Jährigen übersteigen mit 2.357€ den Bevölkerungsdurchschnitt von 2.126€ (siehe Abbildung 6). Die Altersklasse 45 bis 55 weist mit 2.494 € aber die höchsten Ausgaben auf. 53% der der Älteren beurteilen ihre wirtschaftliche Lage auch selbst als gut oder sehr gut.[142]

Abbildung 6: Konsumaufwendungen privater deutscher Haushalte

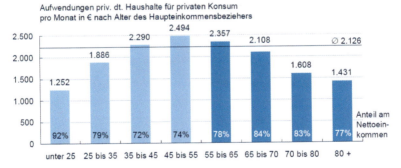

Quelle: Statistisches Bundesamt in PriceWaterhouseCoopers (2006), S. 8

---

[139] Pompe (2007), S: 31-32
[140] Vgl. Pompe (2007), S. 30 und Meyer-Hentschel (2009), S. 21
[141] Vgl. Meyer-Hentschel (2009), S. 7-8
[142] Vgl. Meyer-Hentschel (2009), S. 7-8

Es macht daher Sinn sich mit der Kundengruppe zwischen 45 und 65 Jahren näher zu befassen, da sie über ein erhebliches *finanzielles Potenzial* verfügt. Darüber hinaus zeichnet sich die Generation 50plus durch ein stark *hedonistisch geprägtes Konsumverhalten* aus. Sparsamkeit, Konsumfeindlichkeit und Anspruchslosigkeit gehören heutzutage scheinbar nicht mehr zu den Merkmalen der älteren Bevölkerung.[143] Dies zeigt sich auch dadurch, dass die über 50-Jährigen für 63% des Umsatzes bei Konsumgütern des täglichen Bedarfs verantwortlich sind, obwohl sie nur 43% aller Konsumenten darstellen.[144]

Allein für Gesundheitsprodukte geben Menschen ab 50 Jahren 5,6 Milliarden € pro Jahr aus. Dies sind über 50% der Gesamtausgaben für Gesundheitsprodukte in Deutschland. Das Thema Gesundheit wird in dieser Zielgruppe sehr groß geschrieben und ist ein zentrales Konsummotiv. Doch dies bedeutet nicht, dass ältere Menschen eher krank und gebrechlich sind, sondern vielmehr, dass sie verstärkt Wert auf Prävention legen und ihre *Gesundheitsvorsorge* selbst in die Hand nehmen. Gesundheitsfördernde Lebensmittel, welche auch gleichzeitig einen hohen Convenience-Wert haben, werden immer mehr an Bedeutung gewinnen. Dabei zeichnet sich die ältere Generation, wenn die Qualität entsprechend hoch ist, durch ein *niedriges Preisbewusstsein* aus.[145] Gerade bei Lebensmitteln mit gesundheitlichem Zusatznutzen kann der Preis zur Nebensache werden, solange die Qualität stimmt und vor allem Vertrauen in das Produkt besteht.[146]

All diese Faktoren kommen dem Functional Food-Trend sehr entgegen und machen eine Integration der Zielgruppe 45plus ins Marketing oder sogar die Entwicklung von Produkten speziell für diese Zielgruppe empfehlenswert. Doch obwohl mit zunehmendem Alter das Gesundheitsbewusstsein steigt, begegnet gerade die ältere Generation dem neuen Trend der funktionellen Lebensmittel eher mit Skepsis und Misstrauen. Dies lässt darauf schließen, dass ältere Verbraucher bisher kaum als Zielgruppe für Functional Food erreicht wurden.[147] In der Kommunikationspolitik der deutschen Unternehmen wird die Diskrepanz zwischen der Bedeutung der Zielgruppe und der tatsächlichen Marktbearbeitung deutlich. Nur etwa 3 bis 5% der Werbeausgaben sind auf die Zielgruppe 50plus abgezielt und wahrscheinlich deswegen geben ca. 90% dieser Gruppe

---

[143] Vgl. Pompe (2007), S. 71
[144] Vgl. Gassmann (2006), S. 62
[145] Vgl. Pompe (2007), S. 36 und S. 68
[146] Vgl. Bless (2008), S. 67
[147] Vgl. Potratz, Wildner (1999a), S. 2

auch an, sich nicht mit den Inhalten von Fernsehspots und Anzeigen zu identifizieren.[148] Nur etwa ein Drittel der deutschen Agenturen hat sich bisher aktiv mit der Thematik Best Ager Marketing auseinandergesetzt. Gründe für den sehr zögerlichen Einstieg in das Kundensegment 50plus gibt es viele. Beispielsweise relativ junge Produktmanager, welche sich zum einen nicht mit der Zielgruppe Best Ager identifizieren und zum anderen nur auf wenig aussagefähige Marktforschungsdaten zurückgreifen können. Außerdem befürchten viele Manager bei der Anpassung der Marketingstrategie Negativ-Effekte wie der Transfer eines „veralteten" Images auf die Produkte und somit den gänzlichen Verlust der jungen Konsumenten. Doch die Wahrnehmung der Produkte kann mit der richtigen Kommunikation auf der Grundlage von aktuellen Marktforschungsdaten gesteuert werden, die Zurückhaltung bei der notwendigen Anpassung der Marketingstrategie ist nicht gerechtfertigt.[149]

Für eine erfolgreiche Strategieänderung in Richtung der Best Ager ist es unabdingbar eine genaue Kenntnis der spezifischen Bedürfnisse und des Konsumverhaltens der älteren Generation zu erlangen. Allem voran ist jedoch die Anpassung des Bewusstseins in der Unternehmensleitung notwendig. Gassmann hat die Relevanz der Best Ager wie folgt zusammengefasst: „In einer Zielgruppe, die bislang weitgehend ignoriert oder missverstanden wurde und die anspruchsvoller, heterogener, empfindlicher, erfahrener, zahlreicher, zahlungsfähiger und zukunftsentscheidender gar nicht sein könnte, zählt es ganz besonders, ihre wirklichen Bedürfnisse und ihr Selbstbild zu verstehen, zu befriedigen und sie aktiv zu gestalten."[150]

---

[148] Vgl. Pompe (2007), S. 98 und AC Nielsen (2004)
[149] Vgl. PriceWaterhouseCoopers (2006), S. 18
[150] Gassmann (2007), S. 35

5. Analyse der Verbrauchereinstellungen von Best Agern bezüglich Functional Food

Das folgende Kapitel beschreibt die im Rahmen des Buches durchgeführte empirische Studie zur Analyse der Einstellungen der Best Ager in Bezug auf funktionelle Produkte. Den Erläuterungen zur Zielsetzung und zum Aufbau der Studie folgen die Aufstellung der zu prüfenden Hypothesen und die Beschreibung der Stichprobe. Anschließend werden die Ergebnisse der quantitativen Befragung vorgestellt.

5.1 Problemstellung und Zielsetzung der Analyse

Obwohl die Relevanz des Kundensegments der Best Ager für den Functional Food-Markt unumstritten ist, trauen sich viele Unternehmen der Lebensmittelindustrie nicht ihr bisheriges Marketingkonzept umzustellen und den viel versprechenden Markt der älteren Verbraucher zu bedienen. Unter anderem ist Unsicherheit, durch das Fehlen von aussagekräftigen Marktforschungsergebnissen, ein Grund für diese Zurückhaltung.

Das Ziel dieser Untersuchung ist es die „Kompatibilität" der Trend-Zielgruppe der Best Ager und des Trend-Produktbereichs der funktionellen Lebensmittel zu analysieren, Informationen über die Einstellung der Best Ager bezüglich Functional Food zur Verfügung zu stellen und, unter Einbeziehung sekundärer Marktforschungsdaten, Empfehlungen für einen zielgruppengerechten Marketing-Mix abzuleiten. Hierzu sollen mit Hilfe der Verbraucherbefragung zunächst folgende wichtige Themenfelder geklärt werden:

- Allgemeine Einstellungen und Einkaufsverhalten der Best Ager
- Relevante Produkteigenschaften für Best Ager
- Kenntnisse der Best Ager über Functional Food
- Functional Food-Konsum der Best Ager
- Einstellung der Best Ager zu Functional Food
- Möglichkeiten zur Steigerung der Glaubwürdigkeit von Functional Food

49

5.2 Hypothesen

Folgende für die Zielsetzung relevante Untersuchungshypothesen sollen mit Hilfe der empirischen Untersuchung überprüft werden. Um im Anschluss der Auswertung eine aussagekräftige Ableitung von Empfehlungen für den Marketing-Mix zu gewährleisten, werden die Hypothesen bereits vorab in generelle Hypothesen, produktbezogene, kommunikationsbezogene, sowie distributionsbezogene und preisbezogene Hypothesen gegliedert.

Generelle Hypothesen:

H1:   Best Ager legen sehr viel Wert auf eine gesunde und aktive Lebensweise.

H2:   Best Ager sind der Meinung, dass man mit der richtigen Ernährung starken Einfluss auf die Gesundheit nehmen kann.

H3   Best Ager fühlen sich eher jünger als es ihrem tatsächlichen Alter entspricht.

H4:   Die Begriffe „Functional Food" oder „funktionelle Lebensmittel" sind nicht bekannt.

H5:   Nach einer allgemeinen Definition der Begriffe kennt die Mehrheit der Probanden solche Produkte und kann Beispiele nennen.

H6:   Obwohl die Mehrheit der Befragten angibt den Begriff „Functional Food" nicht zu kennen, verzehren viele bereits funktionelle Lebensmittel.

H7:   Das Konsumentensegment der Best Ager ist sehr heterogen in seinen Einstellungen. Es gibt Befürworter und Gegner von funktionellen Lebensmitteln.

H8:   Das Alter der Best Ager hat einen großen Einfluss auf die Einstellung gegenüber funktionellen Lebensmitteln.

Produktbezogene Hypothesen:

H9:   Best Ager kaufen häufig neue Produkte zum Ausprobieren.

H10:   Geschmack, Gesundheit, Qualität, Naturbelassenheit sind für Best Ager sehr wichtige Produkteigenschaften.

H11:   Die Marke spielt eine große Rolle beim Kauf von Produkten.

H12:   Die Best Ager haben heterogene Ansichten über die beeinflussenden Eigenschaften beim Kauf von Produkten.

H13:   Best Ager wünschen spezielle altersgerechte funktionelle Produkte.

Kommunikationsbezogene Hypothesen:

H14: Best Ager stehen der Werbung eher negativ gegenüber.

H15: Best Ager fühlen sich in der Werbung durch Testimonials[151] in ihrem Alter eher angesprochen.

H16: Die Glaubwürdigkeit von Functional Food in der Zielgruppe der Best Ager lässt sich durch verschiedene Faktoren beeinflussen.

Preisbezogene Hypothesen:

H17: Best Ager sind generell bereit für Lebensmittel mit gesundheitlichem Zusatznutzen einen höheren Preis zu zahlen.

H18   Beim Kauf von Lebensmitteln ist den Best Agern die Qualität generell wichtiger als der Preis.

H19: Die Wichtigkeit des Preises als Einkaufskriterium hängt signifikant vom Netto-Haushaltseinkommen ab.

H20: Best Ager finden einen höheren Preis für funktionelle Lebensmittel gerechtfertigt und sind bereit diesen zu zahlen.

Distributionsbezogene Hypothesen:

H21: Der Supermarkt ist die beliebteste Einkaufstätte der Best Ager.

H22: Discounter werden von Best Agern eher gemieden.

5.3 Methodik

Die Überprüfung der formulierten Hypothesen erfolgt durch eine Primärerhebung mit Hilfe einer standardisierten schriftlichen Verbraucherbefragung innerhalb der betrachteten Zielgruppe 45plus. Die Ergebnisse aus der schriftlichen Verbraucherbefragung werden mit Hilfe der Statistiksoftware SPSS ausgewertet.

Die Verbraucherbefragung liefert eine Vielzahl von Einzelinformationen, welche geordnet, aufbereitet und statistisch ausgewertet werden können. Bei der Auswertung steht zu Beginn die Ermittlung der Häufigkeitsverteilungen im Vordergrund. Dabei handelt sich um ein univariates und deskriptives Analyseverfahren, welches dazu dient die absoluten und relativen Merkmalsausprägungen zu beschreiben. Des Weiteren kann als

---

[151] Testimonials = Wirkliche oder angebliche Nutzer präsentieren Produkte mit dem Ziel, mittels Glaubwürdigkeit und Sympathie für die beworbene Leistung Kunden zu finden.

deskriptives Verfahren die Analyse der Mittelwerte eingesetzt werden, um den Durchschnittswert der gegebenen Antworten zu ermitteln. Statistische Tests können einen Aufschluss über das Antwortverhalten verschiedener Gruppen, zum Beispiel Altersgruppen, geben und Unterschiede in der Antwortausprägung aufzeigen.[152] Multivariate Analysemethoden, wie Faktor- und Clusteranalysen, sind aufgrund des Fragebogendesigns nicht aufschlussreich.

5.4 Art der Befragung und Vorgehensweise

Die Befragung wurde im Januar 2010 als Teilerhebung durchgeführt. Eine Vollerhebung, bei der jedes Element der Grundgesamtheit untersucht wird, war aus finanziellen, zeitlichen und organisatorischen Gründen nicht möglich. Die Grundgesamtheit der Personen ab 45 Jahren in Deutschland beträgt aktuell 39,7 Millionen.[153] Die *Auswahl der befragten Personen* fand relativ gezielt statt, um eine geeignete Struktur der Stichprobe im Hinblick auf Alter und Geschlecht zu gewährleisten. Aufgrund des relativ geringen Stichprobenumfangs wäre eine Zufallsstichprobe nicht sinnvoll gewesen. Um eine möglichst große Bandbreite an Studienteilnehmer zu erhalten, wurden die Personen zum Großteil über zentrale Institutionen ausgewählt, wie Skivereine, Gesangsvereine, Yogagruppen, Seniorentreffs, Hausfrauentreffs, Gewerkschaften und Unternehmen wie Eneregio, Kronospan und Daimler AG. Dieser „Querschnitt" durch die Gesellschaft und der Stichprobenumfang von 250 Beobachtungen sorgen für eine zufrieden stellende Repräsentativität der Untersuchungsergebnisse, trotz relativ geringer regionaler Streuung innerhalb Deutschlands.

Zur Generierung aussagekräftiger Primärdaten wurde die Methode der *schriftlichen standardisierten Befragung* gewählt. Vorteil dieser Befragungsform ist in erster Linie, die innerhalb kurzer Zeit erreichbaren Größe des Stichprobenumfangs und die damit verbundene Repräsentativität der Stichprobe. Des Weiteren haben die Teilnehmer der Studie individuell Zeit sich mit den Fragen zu beschäftigen und es findet keine Beeinflussung durch den Interviewer statt.[154]

Der Fragebogen setzte sich aus 22 geschlossenen und zwei offenen Fragen zusammen, wobei drei Fragen aus mehreren Unterfragen bestanden. Auch waren teilweise Mehr-

---

[152] Vgl. Janssens (2008), S. 1-2
[153] www.destatis.de/bevoelkerungspyramide/
[154] Vgl. Jüttner (2009), S. 29

fachantworten möglich. Der Fragebogen befindet sich im Anhang (siehe Anhang 1) dieses Buches und kann für ein besseres Verständnis des Fragebogenaufbaus herangezogen werden.

5.5 Beschreibung der Stichprobe

Es wurden insgesamt 300 Fragebogen ausgegeben, wobei die Bruttorücklaufquote 262 betrug. Die Nettorücklaufquote fällt etwas niedriger aus, da 12 Fragebögen, aufgrund mangelnder Antwortbereitschaft oder Nichtdazugehörigkeit zur befragten Zielgruppe, von der Auswertung ausgeschlossen werden mussten. Es stehen damit 250 Antwortbögen für die Auswertung zur Verfügung.

Von den 250 befragten Personen sind 68 % *weiblichen* und 32% *männlichen* Geschlechts. Dieses Ungleichgewicht ist beabsichtigt, da gerade in der Altersgruppe 45plus meist die Frauen Entscheidungsträger in Sachen Lebensmittelkauf sind und daher für die nachfolgende Analyse relevanter sind. Von den befragten 80 Männern gehen lediglich 6 selbst einkaufen. Im Vergleich dazu sind von den 170 befragten Frauen 133 *selbst für den Einkauf zuständig*. Sowohl der Chi²-Test mit einem Signifikanzniveau von 0,00 als auch der Cramer-V-Wert von 0,705 bestätigen die starke Korrelation von Geschlecht und der Einkaufszuständigkeit und untermauern somit die Hypothese, dass die Zuständigkeit für den Einkauf größtenteils bei den Frauen liegt.

Das Alter der Studienteilnehmer bewegt sich zwischen einem Minimum von 45 und einem Maximum von 85 Jahren, dies entspricht einer Spannweite von 40 Jahren, wobei die Verteilung leicht rechtsschief ausgeprägt ist. 110 Personen (44%) fallen in die Altersgruppe *45 bis 55 Jahre*, 88 Personen (35,2%) in die Gruppe *über 55 bis 70 Jahre*, 55 Personen (18%) gehören der Gruppe *über 70 bis 85 Jahre* an. 7 Personen haben *keine Angaben* zum Alter gemacht. Im Durchschnitt beträgt das Alter 59 Jahre.

135 der Befragten sind *berufstätig*. Dies entspricht einer Quote von 54%, wobei Frauen leicht unterrepräsentiert sind. Nur 49,1% der befragten Frauen sind *berufstätig*, wohingegen es bei den Männern 66,2% sind. Die Korrelation der Faktoren Berufstätigkeit und Geschlecht, weist jedoch keine Signifikanz auf (Chi²-Signifikanz = 0,11). Aufgrund der Altersstruktur der Befragten, besteht zwischen den Faktoren Alter und Berufstätigkeit eine hohe Korrelation (Phi = 0,8), welche von Signifikanz geprägt ist (Chi²-Signifikanz = 0,00).

Nur 59,2% der Studienteilnehmer haben ihr Nettohaushaltseinkommen angegeben. Die Angaben bewegen sich hauptsächlich zwischen den Einkommensgruppen *1000 und unter 2000 €* (16,4%), *2000 bis unter 3000€* (14,8%) und *3000 bis unter 4000€* (13,6%).

48% der Teilnehmer (120 Personen) leben in einem *2-Personen-Haushalt*. 35,6% (89 Personen) leben in einem Haushalt mit *mehr als 2 Personen*. Und 16% (40 Personen) leben *alleine*. Die Haushaltsgröße sinkt signifikant (Chi²-Signifikanz von 0,04) mit steigendem Alter bei einer mittelstarke Korrelation nach Pearson von -0,505. Die Beschreibung der Stichprobe wird in Tabelle 5 zusammengefasst.

Tabelle 5: Soziodemografische Struktur der Verbraucherstichprobe

GESCHLECHT					
Männlich			**Weiblich**		
32% (80)			68% (170)		
ALTER					
45 bis unter 55 J	**55 bis unter 70 J**	**70 bis 85 J**	**Fehlende Angabe**	**Alter Ø**	
44% (110)	35,2% (88)	18% (55)	2,8% (7)	59 Jahre	
BERUFSTÄTIGKEIT					
Ja		**Nein**		**Fehlende Angabe**	
54% (135)		44,8% (112)		1,2% (3)	
NETTOHAUSHALTSEINKOMMEN					
Unter 1000 €	**1000 bis unter 2000 €**	**2000 bis unter 3000 €**	**3000 bis unter 4000 €**	**Über 4000 €**	**Fehlende Angabe**
8,4% (21)	16,4% (41)	14,8% (37)	13,6% (34)	6% (15)	40,8% (102)
HAUSHALTSGRÖßE					
1 Person	**2 Personen**	**3 Personen**	**4 Personen**	**5 Personen**	**Fehlende Angabe**
40 (16%)	120 (48%)	37 (14,8%)	45 (18%)	7 (2,8%)	1 (0,4%)

Quelle: Eigene Darstellung, Verbraucherbefragung Januar 2010

5.6 Restriktionen

Durch die Abwesenheit eines Interviewers kann es aufgrund von Missinterpretation der Fragen und Desinteresse zu einer Verzerrung der Angaben kommen. Auch muss der Wahrheitsgehalt der Antworten, aufgrund des Effekts der sozialen Erwünschtheit der Antworten, kritisch betrachtet werden. Des Weiteren wird im Verlauf des Fragebogens dem Befragten eine Definition der Begriffe „Functional Food und „funktionelle Lebensmittel" an die Hand gegeben, sowie mehrere Beispiele dieser Produktkategorie. Es ist vorstellbar, dass manche Teilnehmer vor Ausfüllen des Fragebogens, bereits alle Fragen durchgegangen sind und daher bereits vorinformiert wurden. Dabei könnte es gegebenenfalls zu einer Beeinflussung der Antworten gekommen sein. Die Analyseergebnisse, bezogen auf den Kenntnisstand der Befragten über Functional Food, sind aus diesem Grund differenziert zu betrachten.

Die zuvor erwähnte eingeschränkte Repräsentativität muss bei der Interpretation der Ergebnisse berücksichtigt werden. Es handelt sich aus Zeitgründen und der daraus resultierenden relativ geringen regionalen Streuung um ein „Convenience Sample". Die Erhebung fand vorwiegend im süddeutschen Raum und außerhalb von Ballungsgebieten statt. Die durchgeführte Studie kann somit nur erste Anhaltspunkte geben. Zur Steigerung der Repräsentativität könnte die Untersuchung bei Bedarf, im Anschluss der Studie, mit einer breiteren Streuung wiederholt werden.

Bei der Auswertung der Ergebnisse ist zu beachten, dass Beobachtungen, welche über heutige ältere Menschen gemacht werden, wenig über die zukünftigen Generationen aussagen.[155] Schon heute ist die traditionelle Auffassung des Alterns längst überholt. Ältere Menschen erleben heute meist ein „jüngeres" Altern als vergleichbare frühere Generationen. Jeder Mensch wird hauptsächlich in seiner Jugend durch komplett unterschiedliche Umwelteinflüsse, wie zum Beispiel Wertevorstellungen und Ideale geprägt.[156] Die Analyseergebnisse sollten demnach nicht undifferenziert auf zukünftige Generationen übertragen werden, sondern müssen ständig neu überprüft werden.

Des Weiteren wäre es gegebenenfalls sinnvoll gewesen eine Vergleichsbefragung mit Personen unter 45 Jahren durchzuführen, um festzustellen, ob sich die Antworten der Best Ager signifikant von den Antworten der jüngeren Generationen unterscheiden. Man könnte diese Art der Gegenüberstellung in einer weiteren Studie durchführen.

---

[155] Vgl. Gassman (2006), S. 13
[156] Vgl. Gassmann (2006), S. 29

5.7 Ergebnisse der Befragung

5.7.1 Allgemeine Einstellungen und Einkaufsverhalten der Best Ager

Im Folgenden wird auf wichtige Ergebnisse der Analyse eingegangen, welche Erkenntnisse über die allgemeinen Einstellungen und das Lebensgefühl der Best Ager ermöglichen sollen.

Der Aussage „Ich lege sehr viel Wert auf eine gesunde und aktive Lebensweise!" stimmten 26,6% *voll und ganz* zu und 56,1% *stimmten zu*. 15,7 % standen der Aussage *neutral* gegenüber. Nur 4 Personen (1,6%) stimmten *negativ*. Dies bedeutet, dass immerhin 82,7% der Befragten versuchen eine aktive und gesunde Lebensweise zu führen.

Abbildung 7: „Ich lege viel Wert auf eine gesunde und aktive Lebensweise!"

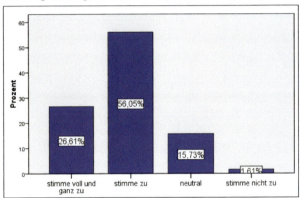

Quelle: Eigene Darstellung, Verbraucherbefragung Januar 2010

93,1% der Befragten stimmten entweder *voll und ganz zu* (38,3%) oder *stimmten zu* (54,8%), dass man mit der richtigen Ernährung starken Einfluss auf die Gesundheit nehmen kann (siehe Abbildung 8).

Abbildung 8: „Mit der richtigen Ernährung kann man starken Einfluss auf die Gesundheit nehmen!"

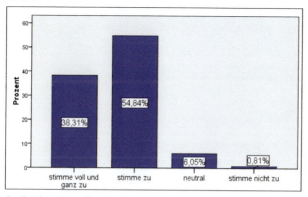

Quelle: Eigene Darstellung, Verbraucherbefragung Januar 2010

Noch bevor den Teilnehmern eine Definition zu Functional Food gegeben wurde, wurde generell nach ihrer Bereitschaft gefragt, für Produkte mit nachgewiesenem positivem Effekt auf die Gesundheit mehr Geld auszugeben, als für herkömmliche Produkte. Der Mittelwert der Antworten liegt bei 2,37, was im Bereich zwischen *eher ja* und *kommt darauf an* liegt. 15,7% gaben an, dass sie *ganz sicher* bereit wären einen höheren Preis für solche Lebensmittel zu zahlen, 39,9% *können es sich vorstellen* und bei 37,5% *kommt es darauf an*. Nur 6,8% können es sich entweder *ganz und gar nicht* oder *eher nicht* vorstellen. Diese Antwortausprägungen hängen nicht signifikant von der Höhe des Einkommens ab (Signifikanz nach Kruskal-Wallis = 0,082).

Um die Hypothese zu überprüfen, ob sich Menschen ab 45 Jahren tatsächlich eher jünger fühlen, als es ihrem realen Alter entspricht, wurde im Fragebogen um Angabe der Tendenz des „gefühlten" Alters gefragt. Diese Tendenz sollte im nächsten Schritt durch die Angabe des gefühlten Alters in Lebensjahren näher erläutert werden. Die Ergebnisse verteilen sich wie folgt (siehe Abbildung 9): Keiner der Studienteilnehmer fühlt sich älter als es seinem tatsächlichen Alter entspricht und nur 36,5% fühlen sich *ihrem Alter entsprechend*. Die Mehrheit der Befragten (55,3%) gab an sich *eher jünger* zu fühlen und 8,2% fühlen sich sogar *viel jünger*. Das gefühlte Alter weicht nach unten hin im Durchschnitt 6,83 Jahre vom realen Alter ab. Eine Abhängigkeit des gefühlten Alters von der Höhe des realen Alters besteht ebenso wenig (Pearson r= 0,067) wie eine Abhängigkeit von der Haushaltsgröße (Pearson r= -0,091). Jedoch ist eine leichte bis mittlere positive Abhängigkeit des gefühlten Alters von der Berufstätigkeit zu betrachten (Phi = 0,55). Daraus lässt sich schließen, dass Menschen ab 45, die einem Beruf nachgehen, sich *eher jünger* fühlen als nicht oder nicht mehr berufstätige.

Abbildung 9: Fühlen Sie sich jünger oder älter als Ihr tatsächliches Alter?

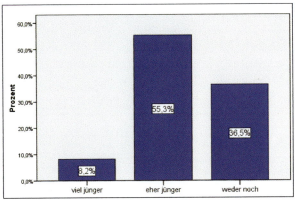

Quelle: Eigene Darstellung, Verbraucherbefragung Januar 2010

Nur 8,9% der befragten Best Ager geben an, dass sie der Werbung im Allgemeinen *sehr positiv* beziehungsweise *eher positiv* gegenüberstehen (siehe Abbildung 10). 41,6% hingegen haben eine *sehr negative* beziehungsweise eine *eher negative* Einstellung. 49,6% haben *weder eine positive noch eine negative* Einstellung gegenüber Werbung. Der Mittelwert beträgt 3,39. Die Einstellung gegenüber Werbung ist signifikant abhängig von dem Alter der Befragten (Signifikanz nach Kruskal-Wallis = 0,018). Best Ager zwischen 45 und unter 55 Jahren zeigen eine höhere Akzeptanz von Werbung als Personen zwischen 55 und unter 70 Jahren.

Abbildung 10: Wie ist Ihre Einstellung gegenüber Werbung?

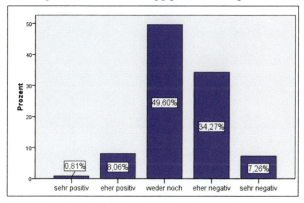

Quelle: Eigene Darstellung, Verbraucherbefragung Januar 2010

Bei der Frage, ob sie sich durch jüngere Testimonials eher angesprochen fühlen als durch Testimonials in ihrem Alter, *verneinten* 24,4% und nur 18,7% *bejahten* diese Aussage. 56,9% fühlen sich *weder von jüngeren noch von altersgerechten Models* angesprochen. Eine Darstellung der Antwortausprägungen befindet sich im Anhang (siehe Anhang 4).

„Best Ager probieren häufig neue Produkte aus." ist eine der aufgestellten Hypothesen. Jedoch wurde in der Studie festgestellt, dass die Mehrheit der Befragten (58,7%) lediglich *ab und zu* neue Produkte ausprobiert (siehe Abbildung 11). Nur 10,5% gaben an, dass sie *häufig* oder *sehr häufig* neue Produkte kaufen. 26,7% kaufen *selten* und 4% kaufen *nie* neue Produkte zum Ausprobieren. Dabei unterscheiden sich die Antworten signifikant bezüglich des Faktors Altersgruppe (Signifikanz nach Kruskal Wallis = 0,00). Der Mittelwert des Rankings der Altersgruppe 1 ist mit 2,97 niedriger als bei Altersgruppe 2 (3,33) und bei Altersgruppe 3 (3,56). Somit kann unterstellt werden, dass das Interesse an neuen Lebensmitteln mit dem Alter nachlässt.

Abbildung 11: Wie häufig kaufen Sie Produkte zum Ausprobieren?

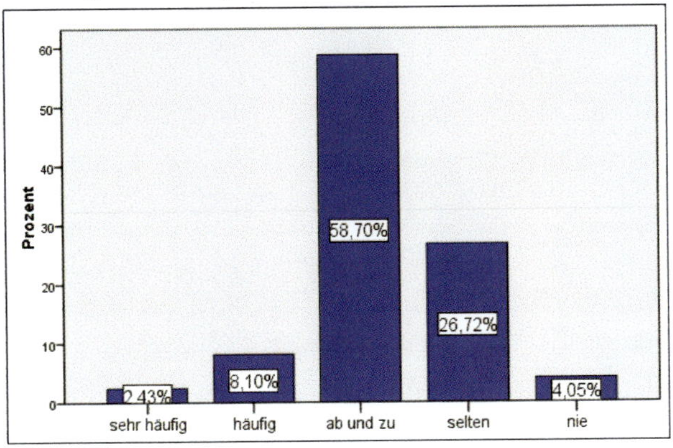

Quelle: Eigene Darstellung, Verbraucherbefragung Januar 2010

Um noch mehr über das Einkaufsverhalten der Best Ager im Allgemeinen herauszufinden, wurden die Studienteilnehmer gebeten Angaben über ihre bevorzugte Einkaufstätte zu machen. Die bevorzugte Einkaufsstätte von Best Agern ist demnach der „Supermarkt" mit 44,3% aller Antworten, der zweitwichtigste Distributionskanal ist der „Discounter" mit 32,5% der Stimmen. 13% der Antworten fielen auf den „Bio-Laden„und 10,2% auf „SB-Warenhäuser". Eine Darstellung der Antwortausprägungen befindet sich im Anhang (siehe Anhang 5).

5.7.2 Relevante Produkteigenschaften für Best Ager

Für eine bessere Einschätzung des Einkaufsverhaltens von Best Agern wurden die Befragten gebeten verschiedene Lebensmitteleigenschaften nach ihrer Wichtigkeit in Bezug auf ihre Kaufentscheidung zu beurteilen. Aus den Ergebnissen kann herausgelesen werden, dass „Qualität", „Geschmack" und „Gesundheit" zu den wichtigsten Produkteigenschaften gezählt werden können. Der „Naturbelassenheit" und dem „Preis" kommt eine mittlere Bedeutung zu. Eher unwichtigere Faktoren sind „Marke", „Bequemlichkeit der Zubereitung" und „Verpackung/ Aussehen" (siehe Abbildung 12).

Quelle: Eigene Darstellung, Verbraucherbefragung Januar 2010

99,2% der Befragten geben an, dass ihnen der Faktor „Qualität" *sehr wichtig* (72,6%) beziehungsweise *eher wichtig* (27,6%) sei. Beim Faktor „Geschmack" ist die Verteilung von 95,5% ähnlich (71,1% = *sehr wichtig* beziehungsweise 24,4% = *eher wichtig*). Der „Gesundheitswert" ist 60,3% der Teilnehmer *sehr wichtig* und 35,6% *eher wichtig*.

Die Themen „Naturbelassenheit" und „Preis" haben eine *mittlere* Wichtigkeit für die Befragten. „Naturbelassenheit" nennen 75,9% der Befragten als *wichtiges* Kriterium. Dabei ist er für 39% der Teilnehmer *sehr wichtig* und für 36,9% *eher wichtig*. 19,5% stehen dem Faktor „Naturbelassenheit" *neutral* gegenüber. Der „Preis" spielt für 62,7% eine *wichtige* Rolle und 32,8% sind diesem Faktor gegenüber *neutral* eingestellt. Bezüglich des Preises ist zu sagen, dass laut den Erhebungsergebnissen die Qualität des Produkts mehr Gewicht bei der Kaufentscheidung hat als der Preis. Darüber hinaus ist die Wichtigkeit des Preises als Einkaufskriterium nicht signifikant abhängig vom Netto-Haushaltseinkommen (Signifikanz nach Kruskal-Wallis = 0,068).

Die Themen „Bequemlichkeit der Zubereitung" und „Verpackung / Aussehen" gehören zusammen mit dem Faktor „Marke" zu den unwichtigeren Produkteigenschaften. Wobei die beiden erstgenannten Eigenschaften fast gleiche Verteilungen aufweisen. Die „Bequemlichkeit der Zubereitung" und „Verpackung / Aussehen" stellen für 46,1% beziehungsweise für 50,4% *eher unwichtige* Eigenschaften beim Produktkauf dar. Nur 16,4% beziehungsweise 12,3% der Befragten empfanden diese zwei Faktoren als *wichtig*. Und

37,5% beziehungsweise 37,2% waren *neutraler* Meinung. Der Faktor „Marke" spielt bei 41,9% der Befragten *keine* oder zumindest *keine große* Rolle. Immerhin 22,6% empfinden die Marke des Lebensmittels als eine *wichtige* Eigenschaft beim Kauf von Produkten. Ein großer Anteil von 58,2% steht dem Faktor „Marke" *neutral* gegenüber.

Inwieweit die Befragten die Wichtigkeit der vorgegebenen Produkteigenschaften beim Kauf von Lebensmitteln beurteilen, hängt teilweise vom Alter der Probanten ab. Bei den Faktoren „Geschmack" (Signifikanz nach Kruskal Wallis = 0,003), „Naturbelassenheit" (Signifikanz nach Kruskal Wallis = 0,044) und „Marke" (Signifikanz nach Kruskal Wallis = 0,018) kann ein signifikanter Unterschied bezüglich der Altersgruppen festgestellt werden. Die Darstellung des semantischen Differentials befindet sich im Anhang (siehe Anhang 6). Der „Geschmack" spielt für alle drei Altersgruppen eine *wichtige* Rolle, jedoch ist im Alter von 70 bis 85 Jahren (Mittelwert = 1,68) der „Geschmack" im Vergleich zu der Altersgruppe1 „45 bis unter 55" (Mittelwert = 1,23) und der Altersgruppe 2 „55 bis unter 70" (Mittelwert = 1,33) *etwas weniger wichtig*. Umkehrt verhält es sich bei dem Faktor „Naturbelassenheit". Diese Eigenschaft spielt für die 70 bis 85 Jährigen (Mittelwert = 1,74) eine *größere Rolle* als für die Altersgruppe 1 „ 45 bis unter 55" (Mittelwert = 2,06) und Altersgruppe 2 „55 bis unter 70"(Mittelwert = 1,80). Die „Marke" spielt für die 45 bis unter 55 Jährigen *eine größere Rolle* (Mittelwert = 3,55) als für die 70 bis 85 Jährigen (Mittelwert = 3,22) und für die 55 bis unter 70 Jährigen (Mittelwert = 3,11).

5.7.3 Kenntnisse der Best Ager über Functional Food

Die Frage nach der Bekanntheit der Begriffe „Functional Food" beziehungsweise „Funktionelle Lebensmittel" in der Zielgruppe 45plus fällt wie folgt aus: Nur 32,8% der Befragten gaben an, den Begriff zu *kennen* und der Mehrheit mit 67,2% sind beide Begriffe *gänzlich unbekannt* (siehe Abbildung 13).

Abbildung 13: Kennen Sie die Begriffe „Functional Food" oder „funktionelle Lebensmittel"?

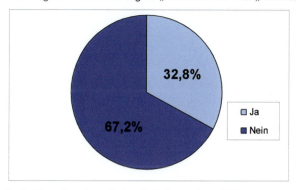

Quelle: Eigene Darstellung, Verbraucherbefragung Januar 2010

Von den 82 Personen, welche angeben die Begriffe zu *kennen*, erläutern 81 Personen schriftlich ihr Verständnis der Begriffe. Folgende Aussagegruppen können zusammengefasst werden: "*Nährstoffangereicherte Lebensmittel* (62,1% der Aussagen), *Gesundheit- und Fitnessfördernde Lebensmittel* (18,5% der Aussagen), *Lebensmittel mit Einfluss auf bestimmte Körperfunktionen* (9,9% der Aussagen). Sechs Aussagen wie zum Beispiel „Tiefkühlkost", „ökologisch erzeugte Lebensmittel" und „konstruierte Lebensmittel" waren nicht zuordenbar und entsprechen auch nicht dem wahren Charakter der Begriffe. Eine genaue Auflistung der Aussagen kann dem Anhang (siehe Anhang 8) entnommen werden.

Dass den meisten Probanden die Begriffe zunächst unbekannt waren, bedeutet jedoch nicht unbedingt, dass sie funktionelle Produkte nicht kennen. Dies zeigt sich dadurch, dass *nach einer kurzen Definition* und Nennung allgemeiner Beispiele 78,4% der Teilnehmer bestätigen, solche funktionellen Lebensmittel zu kennen. 21,6% bleiben dabei, weder den Begriff noch den Produktbereich der funktionellen Lebensmittel zu kennen (siehe Abbildung 14).

Abbildung 14: Kennen Sie solche funktionellen Lebensmittel? (nach Begriffsdefinition)

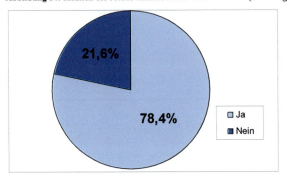

Quelle: Eigene Darstellung, Verbraucherbefragung Januar 2010

Der scheinbar hohe Kenntnisgrad von 78,4% relativiert sich wieder, wenn man in der Folgebetrachtung die Hersteller, Marken oder Produkte analysiert, welche von 112 Teilnehmern als Beispiele genannt werden. Tabelle 6 gibt eine Übersicht über die Nennungen. Zwischen vielen zutreffenden Nennungen mischen sich auch Produkte, welche sich zwar durch ihren hohen natürlichen Gesundheitswert auszeichnen, aber kein Functional Food im eigentlichen Sinne darstellen. Dies zeigt, dass selbst nach der Definition der Begriffe nicht alle Teilnehmer vollständig aufgeklärt sind.

Tabelle 6: Fallen Ihnen spontan Hersteller, Marken oder Produkte ein? (nach Begriffsdefinition)

Produkt	Anzahl der Nennungen
Becel	60
Actimel	41
Actvia	23
Lätta	12
Nestlé LC1	9
ACE Saft	9
Yakult	6
Jodsalz	2
Fruchtzwerge	2
Beispiele für korrekte Einzelnennungen:	
Red Bull, Hohes C mit Calcium, Kellog's, Wick plus C, Omega 3-Brot, AOK-Brot, Nesquik	
Beispiele für nicht-zutreffende Nennungen:	
Rapsöl, Müsli, Vollkornbrot, Olivenöl, Fisch, alkoholfreies Bier, Haferkleie, Leinsamen, Kieselerde, Margarine, Centrum	

Quelle: Eigene Darstellung, Verbraucherbefragung Januar 2010

5.7.4 Functional Food-Konsum der Best Ager

Im nächsten Punkt wurden die Teilnehmer gefragt, welche funktionellen Produkte sie selbst gelegentlich konsumieren (siehe Abbildung 15). Als Gedankenstütze wurden Warengruppen und einige Beispiele vorgegeben. Da hierbei Mehrfachantworten möglich waren, übersteigen die kumulierten Prozentangaben bei der nachfolgenden Auswertung 100% (siehe Abbildung 15). Die Auswertung ergibt, dass 38,7% der befragten Best Ager (96 Nennungen) zumindest gelegentlich *funktionelle Milchprodukte* verzehren. *Funktionelle Getränke* werden von 35,5% der Befragten verzehrt (88 Nennungen) und *funktioneller Margarine* von 30,6% (76 Nennungen). Diese Reihenfolge der meistkonsumierten funktionellen Lebensmittel stimmt auch mit den am häufigsten genannten Produktbeispielen (Becel, Actimel und ACE Säfte) aus der vorangegangenen Frage überein. Nur 26,2% der Befragten verzehren *funktionelle Süßwaren* (65 Nennungen). *Funktionelle Cerealien* sind mit 18,1% der Antworten (45 Nennungen) und *funktionelle Backwaren* mit 15,3 der Antworten (38 Nennungen) auf den letzten Plätzen. Fünf Personen geben an *sonstige funktionelle Lebensmittel* zu konsumieren. Zwei Personen machen zu dieser Frage keine Angabe. Der Anteil der Personen, welche angeben keine funktionellen Lebensmittel zu konsumieren liegt bei 25,4% (63 Nennungen). Dies bedeutet im Umkehrschluss, dass fast 3/4 (74,6%) der befragten Best Ager zumindest gelegentlich Functional Food verzehren.

Abbildung 15: Welche funktionellen Lebensmittel verzehren Sie selbst gelegentlich?

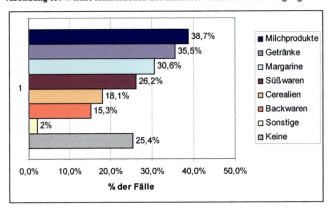

Quelle: Eigene Darstellung, Verbraucherbefragung Januar 2010

5.7.5 Einstellung der Best Ager zu Functional Food

Bei einer Frage wurden die Teilnehmer gebeten, auf einer Likert-Skala von 1 (*stimme sehr zu*) bis 5 (*stimme gar nicht zu*), ihre Zustimmung beziehungsweise Ablehnung gegenüber vorgegebenen Aussagen anzugeben. Die Fragen sind so formuliert, dass man die Einstellung der Befragten bezüglich Functional Food erforschen kann. Um die Antwort-Tendenzen übersichtlicher darzustellen und Polarisationen zu erkennen, werden im Folgenden die Prozentwerte der Aussagen *stimme sehr zu* und *stimme zu* zusammengefasst, sowie gleichermaßen auch *stimme nicht zu* und *stimme gar nicht zu*.

Abbildung 16: Allgemeine Einstellung zu Functional Food

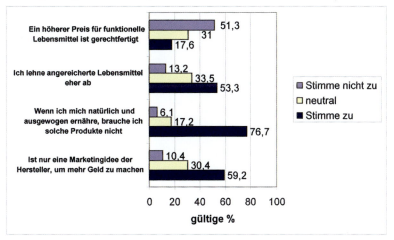

Quelle: Eigene Darstellung, Verbraucherbefragung Januar 2010

59,2% der Befragten sind der Meinung, dass Functional Food *nur eine Marketingidee der Hersteller* ist, um mehr Umsatz zu machen (siehe Abbildung 16). Nur 10,4% *sind anderer Meinung* wobei 30,4% diesbezüglich *neutral* sind.

76,7% vertreten die Ansicht, dass man sich bei einer ausgewogenen und natürlichen Ernährung *solche Produkte sparen kann.* 53,3% *lehnen angereicherte Lebensmittel strikt ab*, wobei nur 13,2% der befragten Personen angereicherten Lebensmitteln *positiv* gegenüber stehen. Die verbleibenden 33,5% entfallen auf eine *neutrale* Einstellung.

So kommt es auch, dass nur 17,6% einen höheren Preis für Functional Food *gerechtfertigt* finden. Es gibt einen hohen Anteil von 31% der Personen, die das Feld *„neutral"* angekreuzt haben. 51,3% finden einen höheren Preis für funktionelle Lebensmittel *nicht gerechtfertigt.* Die Ausprägung der Angaben hängt auch nicht signifikant von der Höhe des Netto-Haushaltseinkommens ab (Signifikanz nach Kruskal Wallis = 0,22).

Abbildung 17: Einstellung zu Risiken und Wirkung von Functional Food

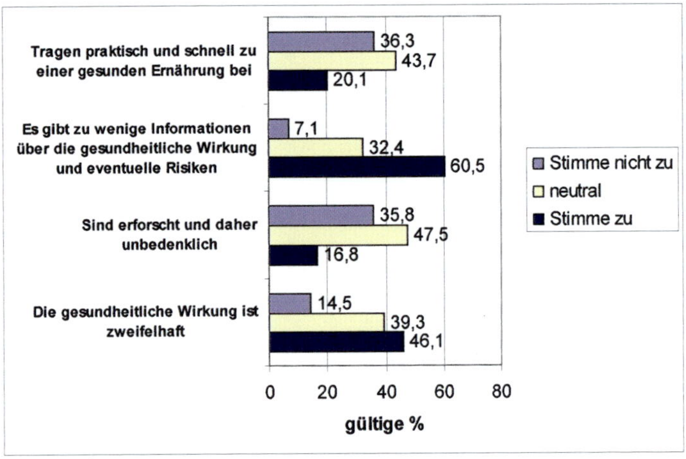

Quelle: Eigene Darstellung, Verbraucherbefragung Januar 2010

20,1% der Befragten *finden nicht*, dass funktionelle Lebensmittel praktisch und schnell zu einer gesunden Ernährung führen (siehe Abbildung 17). Aber auch nur 36,3% der Befragten *bejahen* die Aussage. Ein hoher Prozentsatz von 43,7% äußert sich *neutral*. Dies könnte bedeuten, dass viele Teilnehmer wenig über Functional Food wissen und sich daher noch keine differenzierte Meinung gebildet haben.

Gleiches gilt für die Aussage „Sind erforscht und unbedenklich". Auch hier entscheiden sich 47,5% der Teilnehmer für *keine klare Position*. Jedoch *lehnen* mit 35,8% deutlich mehr Personen diese Aussage ab, als dass ihr *zustimmen* (16,8%).

43,1% *stimmen der Aussage zu* oder *sehr zu*, dass die gesundheitliche Wirkung von funktionellen Lebensmitteln zweifelhaft ist. Nur 14,5% sind von der gesundheitlichen Wirkung *überzeugt*. 39,3% beziehen *keine genaue Stellung*.

Nur 7,1% der Befragten *können bestätigen*, dass sie ausreichend über die Wirkungsweisen und eventuellen Risiken von Functional Food aufgeklärt sind. 60,5% *bestätigen ein Defizit* in der Informationstransparenz. 32,4% stehen der Aussage *neutral* gegenüber.

Abbildung 18: Einstellung zur Ausweitung des Angebots von Functional Food

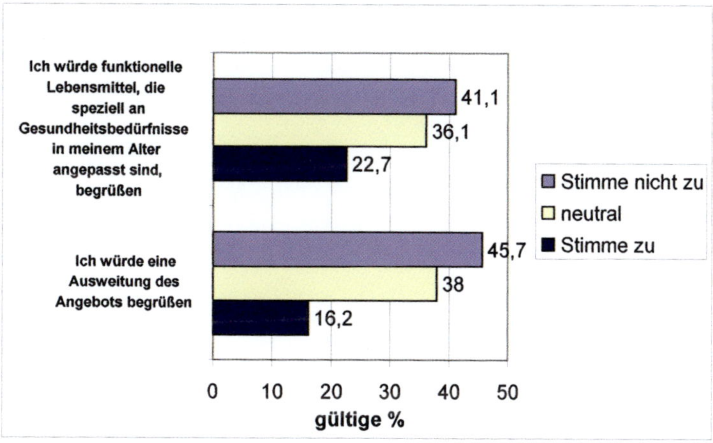

Quelle: Eigene Darstellung, Verbraucherbefragung Januar 2010

Nur 16,2% der befragten Best Ager würden eine Ausweitung des Angebots an funktionellen Lebensmitteln *befürworten* (siehe Abbildung 18). 45,7% sprechen sich explizit *gegen* eine Ausweitung aus und ein hoher Anteil von 38% steht einer Ausweitung des Angebots *neutral* gegenüber.

22,7 % der Teilnehmer würden sich hingegen eine Ausweitung des Angebots um Lebensmittel *wünschen*, welche genau auf die Gesundheitsbedürfnisse ihres Alters abgestimmt sind, 41,1% würden diese Entwicklung jedoch *ablehnen* und 36,1% haben *keine differenzierte* Meinung zu diesem Thema.

Für die Überprüfung der Hypothese, dass das Alter einen großen Einfluss auf die Einstellung der Best Ager gegenüber Functional Food hat, muss noch geprüft werden, ob sich bei der Beantwortung der Fragen signifikante Antwortunterschiede bei den Altersgruppen ergeben. Ein Signifikanztest nach Kruskal Wallis enthüllt jedoch, dass lediglich bei der Aussage „Tragen praktisch und schnell zu einer gesunden Ernährung bei." ein signifikanter Unterschied zwischen den Antworten der Altersgruppen festgestellt werden kann. Die Darstellung der Ergebnisse anhand eines semantischen Differentials kann dem Anhang (siehe Anhang 7) entnommen werden.

5.7.6 Steigerung der Glaubwürdigkeit von Functional Food

Zuvor wurde festgestellt, dass Best Ager funktionellen Lebensmitteln eher kritisch gegenüberstehen und ein großes Misstrauen bezüglich der Wirkversprechen und der Unbedenklichkeit dieser Lebensmittelkategorie besteht. Anhand der nächsten Auswertung soll herausgefunden werden, mit welchen Faktoren die Hersteller am wirksamsten Einfluss auf die Glaubwürdigkeit von Functional Food nehmen können.

Abbildung 19: Einfluss von Wirksamkeits- und Qualitätsnachweisen auf die Glaubwürdigkeit von Functional Food

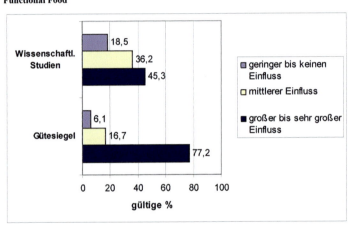

Quelle: Eigene Darstellung, Verbraucherbefragung Januar 2010

Vor allem „Gütesiegel der Stiftung Warentest oder Ökotest" haben demnach einen großen Einfluss auf die Glaubwürdigkeit von Functional Food (siehe Abbildung 19). Dies zeigt sowohl der relativ niedrige Mittelwert von 1,98, welcher einem großen Einfluss entspricht, als auch die Verteilung der Antworten. 77,2% der Befragten gaben an, dass die Gütesiegel einen *sehr großen* (32,1%) bis *großen* (45,1%) Einfluss auf die Glaubwürdigkeit haben. 16,7% bestätigten einen *mittleren* Einfluss und 6,1 einen *geringen* oder *gar keinen* Einfluss.

Der „Wirksamkeitsnachweis durch wissenschaftliche Studien" hingegen hat einen geringeren Einfluss auf die Glaubwürdigkeit als „Gütesiegel". Der Mittelwert beträgt nur 2,72, was einem *mittleren* Einfluss entspricht. 45,3% der Teilnehmer sehen in dieser

Maßnahme einen *sehr großen* bis *großen* Einfluss. 36,2% sehen einen *mittleren* und 18,5% *keinen* oder nur *einen geringen* Einfluss.

Bei den Faktoren „Gütesiegel" (Signifikanz nach Kruskal-Wallis = 0,05) und „Wissenschaftliche Studien" (Signifikanz nach Kruskal-Wallis = 0,001) ergibt sich eine eindeutige signifikante Abhängigkeit der Antwortausprägungen vom Alter der Befragten. Je älter die befragten Personen sind, desto kritischer stehen sie den zwei genannten wirksamkeits- und qualitäts- nachweisenden Faktoren gegenüber. Wobei sich die Altersgruppe 3 (70 bis 85 Jahre) am meisten von den anderen Gruppen unterscheidet und den Faktoren am wenigsten Glaubwürdigkeit beimisst. Für die jüngeren Generationen haben „Gütesiegel" und „wissenschaftliche Studien" noch einen höheren Glaubwürdigkeitswert.

Abbildung 20: Einfluss von Empfehlungsmarketing auf die Glaubwürdigkeit von Functional Food

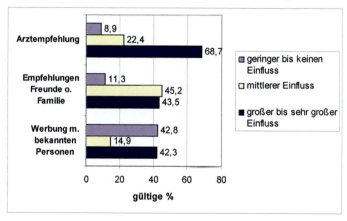

Quelle: Eigene Darstellung, Verbraucherbefragung Januar 2010

„Werbung mit bekannten Personen" als Multiplikator der Werbebotschaft, kann im weiteren Sinne als Empfehlungsmarketing betrachtet werden und wird zusammen mit „Empfehlungen von Freunden oder Familie" und „Arztempfehlungen" auf ihren Einfluss hin untersucht (siehe Abbildung 20). Gerade bei dem Punkt „Werbung mit bekannten Personen" polarisieren die Meinungen der Studienteilnehmer bezüglich des Einfluss auf die Glaubwürdigkeit. 42,8% sehen darin *keinen* (21,6%) oder *nur einen geringen* (21,2%) Einfluss und 42,3% sehen *einen starken* (29,9%) bis *sehr starken* (12,4%) Einfluss und 14,9% einen *mittleren* Einfluss. Diese Polarisierung schlägt sich auch auf den Mittelwert von 3,10 nieder und zeigt somit einen *mittleren* Einfluss.

Beim Faktor „Empfehlung vom Arzt" hingegen ist sich die Mehrheit (68,7%) der Befragten einig, dass dies die Glaubwürdigkeit von funktionellen Produkten *stark* (46,3%) bis *sehr stark* (22,4%) erhöhen kann. Einen *mittleren* Einfluss bestätigen immerhin 22,4% und nur ein kleiner Anteil von 8,9% bestätigt, dass Arztempfehlungen nur einen *kleinen bis gar keinen* Einfluss haben. Im Durchschnitt wird ein Wert von 2,20 erreicht, was einem *großen* Einfluss entspricht.

Im Gegensatz zu „Arztempfehlungen" sprechen nur 43,5% der Best Ager den „Empfehlungen von Familie und Freunden" einen *hohen* Einfluss auf die Glaubwürdigkeit zu. Diese unterteilen sich in 6,6% welche angeben, dass Empfehlungen von Freunden und Familie einen *sehr großen* Einfluss haben und in 34,7%, welche einen *großen* Einfluss dieser Mund-zu-Mund-Propaganda bestätigen. Einen *mittleren* Einfluss bestätigen 45,2%. Einen *geringen* oder *gar keinen* Einfluss auf die Glaubwürdigkeit bestätigen nur 11,3%. Der Mittelwert liegt bei „Empfehlungen von Freunden oder Familie" bei 2,62 und entspricht somit einem *mittleren* Einfluss auf die Glaubwürdigkeit.

Empfehlungsmarketing ist also ein großer bis mittelgroßer Glaubwürdigkeitsfaktor. Wobei eine Empfehlung, welche von einem Arzt ausgesprochen wird, die größte Auswirkung auf das Vertrauen zeigt.

Abbildung 21: Einfluss von diversen Marketingmaßnahmen auf die Glaubwürdigkeit von Functional Food

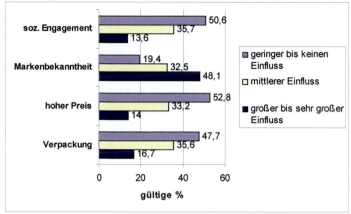

Quelle: Eigene Darstellung, Verbraucherbefragung Januar 2010

Im nächsten Schritt werden die Faktoren „Markenbekanntheit", „hoher Preis", „Soziales Engagement des Herstellers" sowie „ansprechende Verpackung" auf ihre Glaubwürdig-keits-Wirkung hin untersucht (siehe Abbildung 21). Von diesen vier genannten Fakto-ren hat die „Markenbekanntheit" mit einem Mittelwert von 2,7 (großer bis mittlerer Einfluss) noch am meisten Bedeutung. Die Punkte „soziales Engagement des Herstel-lers" (Mittelwert = 3,53), „ansprechende Verpackung" (Mittelwert = 3,45) und ein „ho-her Preis" (Mittelwert = 3,58) haben lediglich einen *mittleren bis geringen* Einfluss vor-zuweisen.

48,1% der Befragten sehen in der „Bekanntheit der Marke" einen *starken bis sehr star-ken*, 32,5% einen *mittleren* und *19,4% keinen oder nur einen geringen* Vertrauensindi-kator.

Die Faktoren „ansprechende Lebensmittelverpackung", „hoher Preis" und „soziales Engagement des Herstellers" sind in ihren Ausprägungen etwa ähnlich verteil. Zwi-schen 47,7% und 52,3% sehen in den Faktoren *keinen oder nur einen geringen*, 32,5% bis 35,6% sehen einen *mittleren* und 13,6% bis 16,7% sehen einen *großen bis sehr gro-ßen* Einfluss.

5.7.7 Zusammenfassung der Ergebnisse der empirischen Analyse

Die Ergebnisse der empirischen Analyse werden im Folgenden zusammengefasst. Eine Auflistung der überprüften Hypothesen befindet sich zusätzlich im Anhang (Anhang 9).

Die bevorzugte Einkaufsstätte der Best Ager ist der Supermarkt, aber auch Discounter sind sehr beliebt. Beim Einkaufen legen sie besonderen Wert auf Qualität, Geschmack und Gesundheitswert der Lebensmittel. Die Qualität der Produkte ist ihnen tendenziell wichtiger als der Preis. Je älter die Probanden sind, desto weniger häufig werden neue Produkte ausprobiert. Best Ager legen generell sehr viel Wert auf eine aktive und gesunde Lebensweise und fühlen sich überwiegend jünger als es ihrem tatsächlichen Alter entspricht. Dabei fühlen sich aber nur wenige Best Ager durch jüngere Testimonials in der Werbung angesprochen. Die allgemeine Einstellung gegenüber Werbung, ist relativ negativ.

Der Begriff „Functional Food" oder „funktionelle Lebensmittel" ist den meisten Best Agern unbekannt. Erst nach einer gegebenen Definition, konnte sich die Mehrheit der Befragten unter den Begriffen etwas vorstellen. Als Beispiele wurden vor allem Becel, Actimel und Activia genannt, wobei es sich auch um Produkte handelt, die die Best Ager als Zielgruppe in ihrer Marketingstrategie integrieren. Es gab jedoch auch viele unzutreffende Beispiele, was aufzeigt, dass das Konzept von Functional Food, vom Verbraucher nicht gänzlich verstanden und nicht von herkömmlichen Lebensmitteln abgegrenzt wird.

Fast ausnahmslos stimmten die Befragten zu, dass man mit der richtigen Ernährung Einfluss auf die Gesundheit nehmen kann. Jedoch sind die Best Ager funktionellen Lebensmitteln gegenüber eher kritisch eingestellt. Die allgemein negative Meinung über Functional Food, könnte aus einem Informationsdefizit der Best Ager resultieren. Nur sehr wenige der befragten Personen fühlen sich ausreichend über die gesundheitliche Wirkung und eventuelle Risiken informiert. Die vorherrschende Meinung ist, dass es sich bei Functional Food nur um eine Marketingidee der Hersteller handelt und die Produkte in ihrer Wirkung zweifelhaft sind. Eine ausgewogene Ernährung, mache solche Lebensmittel überflüssig. Da die Befragten nicht von der Notwendigkeit angereicherter Lebensmittel überzeugt sind, sehen sie auch keine Rechtfertigung für höhere Preise gegenüber herkömmlichen Produkten und auch keine Rechtfertigung für eine Ausweitung des Angebots. Einer Ausweitung des Angebots von altersspezifischen Produkten wird ebenfalls nicht befürwortet.

Dieser scheinbar gefestigten negativen Einstellung bezüglich Functional Food steht das Analyseergebnis gegenüber, dass etwa 3/4 der Teilnehmer zumindest gelegentlich funktionelle Nahrungsmittel zu sich nehmen. Am häufigsten werden funktionelle Milchprodukte, Getränke und Margarine genannt. Der Voreingenommenheit der Best Ager gegenüber Functional Food kann also scheinbar durch die richtigen Marketingmaßnahmen entgegengewirkt werden.

Die wirksamsten Marketingmaßnahmen, um die Glaubwürdigkeit von funktionellen Lebensmitteln zu erhöhen, sind Gütesiegel der Stiftung Warentest oder Ökotest und die Gewinnung von Ärzten als Multiplikatoren der Produktbotschaft. Ebenso, wenn auch mit geringerer Glaubwürdigkeitsquote, kann das soziale Umfeld (z.B. Beispiel Freunde und Familie) des potenziellen Verbrauchers als Multiplikator gewonnen werden. Weitere beeinflussende Maßnahmen können aber auch der Einsatz bekannter Personen in der Werbung, die Untermauerung des Produktversprechens durch wissenschaftliche Studien und die Kommunikation des Produkts über eine bekannte und vom Verbraucher bereits akzeptierte Marke sein.

6. Functional Food für Best Ager – Empfehlung eines zielgruppengerechten Marketing-Mix

Im Folgenden werden die Erkenntnisse der empirischen Analyse mit den Ergebnissen sekundärer Marktforschung verknüpft, um eine umfassende und praxisrelevante Handlungsempfehlung für einen zielgruppengerechten Marketing-Mix vorstellen zu können. Das Kapitel unterteilt sich in die vier Elemente des Marketing-Mix: Kommunikations-, Produkt-, Preis- und Distributionspolitik. Zunächst werden jedoch zwei Ansätze der strategischen Ausrichtung des Marketing-Mix diskutiert.

6.1 Ageless Design vs. Agespecific Design

Bei der strategischen Ausrichtung der Marketingmaßnahmen auf Best Ager können Unternehmen grundsätzlich zwei Richtungen einschlagen. Zum einen können funktionelle Lebensmittel speziell für die ältere Generation entwickelt werden und die Kommunikation auch exklusiv auf die Best Ager ausgerichtet werden. Zum anderen wird in den Medien gerade ein neuer Ansatz diskutiert. Das so genannte *Universal Design* oder *Ageless Design*. Universell gestaltete Lebensmittel können unterschiedliche Konsumentengruppen integrieren. Beim Universal Design gilt das Motto: „Wer für die Jugend konstruiert schließt das Alter aus. Wer jedoch für das Alter konstruiert, schließt die Jugend mit ein." Um die Zielgruppe der Best Ager anzusprechen bedarf es, zumindest nach den Grundsätzen des Universal Designs, nicht immer Sonderlösungen, sondern manchmal nur eines einfachen Überdenkens der bisherigen Konsumentenansprache. Das Ziel ist es, in älteren Märkten zu punkten, ohne sich ganz von der jüngeren Zielgruppe zu lösen.[157] Ein gut ausgearbeitetes Ageless Marketing blendet daher das Alter als Basis von Marketingaktivitäten aus und spricht mehrere Altersgruppen gleichzeitig anhand gemeinsamer Bedürfnisse und Werte an.[158]

Die Ergebnisse aus der vorangegangen empirischen Analyse sprechen auch eher für einen integrativen Marketingansatz im Sinne des Universal Designs. Nur 22,7% der befragten Best Ager würden funktioneller Lebensmittel *begrüßen*, welche speziell an die Gesundheitsbedürfnisse in ihrem Alter angepasst sind. 41,1% *lehnen* altersspezifische funktionelle Lebensmittel *eher ab oder gänzlich ab*. 36,1% sind *neutral* eingestellt.

---

[157] Vgl. Gassmann (2006), S. 150 und Pompe (2007), S, 117
[158] Vgl. PriceWaterhouseCoopers (2006), S. 33

77

Denkbar wäre es daher, funktionelle Lebensmittel, welche einen gesundheitlichen Nutzen für mehrere Generationen haben, zum Beispiel glaubwürdig als Familienprodukt zu bewerben. Die Produktlinie Actimel von Danone hat sich mit Hilfe einer solchen altersunabhängigen Strategie am Markt etabliert. Der probiotische Joghurtdrink verspricht eine Stärkung des Immunsystems für alle Generationen. In der Werbung werden von Danone sowohl ältere Testimonials, wie der 52-Jährige Meteorologe Jörg Kachelmann, als auch nichtprominente Kinder, Teenager und Mütter eingesetzt.[159] Ein Gegenbeispiel zum Universal Design ist die cholesterinsenkende Margarine Becel pro-activ von Unilever. Sowohl das Wirkversprechen als auch die Wahl der Testimonials ist auf die Zielgruppe 45plus gerichtet und schließt alle anderen Kundensegmente explizit aus.

In der Praxis scheinen beide Konzepte für Best Ager zu funktionieren. Becel pro-activ und Danone Actimel sind, in der vorangegangenen empirischen Studie, die am häufigsten genannten Beispiele für Functional Food. Welches im Einzelfall die richtige Wahl der strategischen Grundausrichtung ist, hängt in erster Linie vom entsprechenden Trägerprodukt, von der Wirkungsweise und von der Akzeptanz des Wirkversprechens in den einzelnen Zielgruppen ab. Wenn Ageless Marketing möglich und authentisch ist, sollte dieses aber auch umgesetzt werden, da man so eine breitere Kundenbasis erreichen kann und sich Möglichkeiten des Wachstums offen hält.

6.2 Kommunikationspolitik

Functional Food ist zum einen eine vieldiskutierte Produktkategorie und zum anderen handelt es sich bei Best Agern um eine anspruchsvolle und erfahrene Zielgruppe. Bei der Vermarktung von funktionellen Lebensmitteln in der Zielgruppe der Best Ager nimmt die Kommunikationspolitik als Teil des Marketing-Mix daher eine Sonderstellung ein und wird im Folgenden näher betrachtet. Dabei werden die Empfehlungen in Leitziele, Kommunikationswege und Tonalität der Konsumentenansprache unterteilt.

---

[159] Vgl. PriceWaterhouseCoopers (2006), S. 36

6.2.1 Leitziele

Bei funktionellen Lebensmitteln spielt die richtige *Kommunikation des Produktnutzens* eine entscheidende Rolle und stellt sogleich eine der größten Herausforderungen dar. Laut der durchgeführten Studie lehnen 53,3% der Best Ager angereicherte Lebensmittel generell ab und, wie bereits erwähnt, sind 76,7% der Befragten der Meinung, dass man funktionelle Produkte nicht braucht, wenn man sich ausgewogen und natürlich ernährt. Die Naturbelassenheit von Lebensmitteln ist auch ein wichtiges Einkaufskriterium der befragten Best Ager. Nur 14,5% sind von der gesundheitlichen Wirkung von Functional Food überzeugt. Ein Großteil der älteren Zielgruppe sieht also zunächst grundsätzlich keinen Nutzen von Functional Food und lehnt generell eine Ausweitung des Angebots an funktionellen Lebensmitteln eher ab. „Gelingt es aber, einen klaren Nutzen glaubwürdig zu kommunizieren, wie zum Beispiel bei Actimel das Versprechen „stärkt Ihre Abwehrkräfte", kann nicht nur eine einzelne Marke sehr erfolgreich sein, sondern ein neuer Markt entstehen."[160] Um die Akzeptanz von Werbebotschaften beim Verbraucher sicher zu stellen und eine positive Assoziation zum Produkt zu schaffen, muss daher zunächst Glaubwürdigkeit vermittelt werden. Nur so ist der Rezipient grundsätzlich bereit das Produkt zu kaufen.[161] „Ein wesentliches Merkmal der Marketingstrategie sollte in der Glaubwürdigkeit liegen, die vom Respekt vor den Erfahrungen der älteren Zielgruppe lebt."[162] In der Kommunikationspolitik sollten daher die *Steigerung der Glaubwürdigkeit* und damit einhergehend eine *Ausweitung der Verbraucheraufklärung* zwei der Schwerpunkte sein. Denn gleichermaßen wie ein Glaubwürdigkeitsdefizit besteht auch eine starke Informationsasymmetrie zwischen Hersteller und Verbraucher.[163] Dies bestätigen auch die Analyseergebnisse der empirischen Studie. 60,5% der Studienteilnehmer geben an, dass es zu wenige Informationen über die gesundheitliche Wirkung und eventuelle Risiken gibt. Des Weiteren sind nur 16,8% der Best Ager der Meinung, dass funktionelle Lebensmittel erforscht und unbedenklich sind. Diese Ergebnisse legen den Rückschluss nahe, dass viele potenzielle Konsumenten nicht ausreichend aufgeklärt sind und dies mit ein Grund für das Misstrauen gegenüber Functional Food sein kann. Die Informationsdefizite der Verbraucher bezüglich funktioneller Lebensmittel müssen also zunächst beseitigt werden, um überhaupt ins relevante Set des Konsumen-

---

[160] Eberle (2004), S. 51
[161] Vgl. Krauße (2007), S. 81
[162] Potratz, Wildner (1999a), S. 8
[163] Vgl. Dustmann (2006), S. 234

ten aufgenommen zu werden und die Chance zu erhalten, als glaubwürdig eingestuft zu werden.

6.2.2 Kommunikationswege

Abbildung 22: Geeignete Kommunikationskanäle für Best Ager (in %)

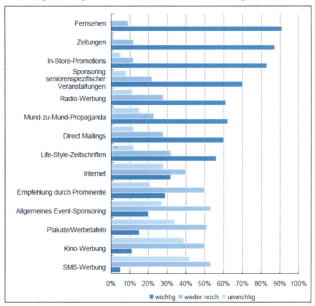

Quelle: Studie von Datamonitor in PriceWaterhouseCoopers (2006), S. 30

Best Ager können über viele verschiedene Kommunikationswege angesprochen werden. Eine aktuelle Datamonitor-Studie (siehe Abbildung 22) für den britischen Markt über die Quellen der Informationsbeschaffung kann auch einen Anhaltspunkt für die Medienwahl in Deutschland geben. Wichtige Medien zur Ansprache von Best Agern sind demnach das *Fernsehen* (Platz 1), *Zeitungen* (Platz 2) sowie *In-Store-Promotions* (Platz 3). Aber auch das *Sponsoring seniorenspezifischer Veranstaltungen* (Platz 4), *Radio-Werbung* (Platz 5) und *Mund-zu-Mund-Propaganda* (Platz 6) können geeignete Schwerpunktmaßnahmen darstellen.

Werbung als alleinige Maßnahme der Kommunikationspolitik einzusetzen wäre in der Zielgruppe der Best Ager nicht empfehlenswert. Ein Resultat der durchgeführten Befragung ist nämlich, dass 41,6% der Best Ager eine negative Einstellung gegenüber Werbung haben. Gerade für funktionelle Lebensmittel sind daher *besondere kommunikative Marketingmaßnahmen* notwendig, um die Glaubwürdigkeit des gesundheitlichen Zusatznutzens zu stützen. Die Hersteller von Functional Food sollten daher bei der Kommunikation mit den Best Agern nicht nur auf klassische Werbung und Verkaufsförderungsmaßnahmen setzen, sondern auch versuchen die älteren Verbraucher über neue Wege anzusprechen.

Im Rahmen der vorangegangenen empirischen Befragung konnten verschiedene kommunikationspolitische Faktoren ermittelt werden, welche zur Steigerung der Glaubwürdigkeit von Functional Food beitragen können. Den größten Einfluss auf die Glaubwürdigkeit von Functional Food attestieren die befragten Best Ager den bekannten *Gütesiegeln der Stiftung Warentest oder Ökotest*. 77,2% bestätigten einen *starken bis sehr starken* Einfluss auf die Glaubwürdigkeit und 16,7% einen *mittelstarken* Einfluss. Es ist daher eine wichtige kommunikationspolitische Maßnahme die positive Produktbewertung dieser Prüfinstitute auch entsprechend auszuloben. Die Gütesiegel dienen dem Verbraucher als Indikator für Qualität und Wirkung, steigern somit das Vertrauen in das Produkt und fördern den Abverkauf. Beispiele aus der Praxis bieten hier die funktionellen Produkte Yakult oder Danone Actimel, welche aktuell auf dem Produkt und durch Werbung in TV und Print mit dem Öko-Test-Siegel werben.

Doch nicht nur das Nutzen von Gütesiegeln unabhängiger Prüfinstitute, sondern auch die aktive Zusammenarbeit der Functional Food-Hersteller mit Interessenverbänden mit Gesundheitsbezug können als Glaubwürdigkeitsindikator dienen. Ein bekanntes Beispiel hierfür ist die *Kooperation* beziehungsweise das *Co-Branding* des Wellness-Magazins Fit for Fun mit dem Vollkorn Balance Brot von Pema. Eine ähnliche Allianz stellt die Vermarktung des Omega-3-Brotes mit Hilfe des Logos der Deutschen Herzstiftung dar.[164]

Ein interessanter Ansatz bei der Kombination Best Ager und Functional Food könnte in der Erreichung der Zielgruppe durch den Hausarzt liegen. Dies geht aus den Resultaten der empirischen Studie hervor. 68,7% sprechen einer *Produktempfehlung durch den Arzt* einen *großen bis sehr großen* Einfluss auf die Glaubwürdigkeit zu, 22,4% einen *mittleren* Einfluss und nur 8,9% *keinen* oder einen *geringen* Einfluss. Falls es also einem Anbieter von funktionellen Produkten, durch entsprechende Marketingmaßnah-

---

[164] Vgl. Dustmann (2006), S. 210-211

men, zum Beispiel Besuch durch Außendienstmitarbeiter oder Produktsamples mit Informationsbroschüren, gelingt die Ärzte vom Wirkversprechen zu überzeugen, dann wäre es vorstellbar, dass diese im Patientengespräch als sehr vertrauenswürdige Multiplikatoren auftreten. Eine Gemeinschaftsstudie der Verbraucherzentrale und des Bundesinstituts für Risikobewertung (BfR) bestätigt, dass Arztempfehlungen heute schon eine wichtige Rolle spielen (siehe Abbildung 23). In der Studie wurden Käufer von Lebensmitteln mit Pflanzensterinzusatz, wie zum Beispiel Becel pro-activ, danach gefragt, wer ihnen den Verzehr solcher Produkte empfohlen hat. Empfehlungen durch den Arzt oder Apotheker liegen bei den Nennungen mit 14% bereits vor Empfehlungen durch Verwandte und Bekannte (9%).

Abbildung 23: Wer hat Ihnen den Verzehr von Lebensmitteln mit Pflanzensterinzusätzen empfohlen?

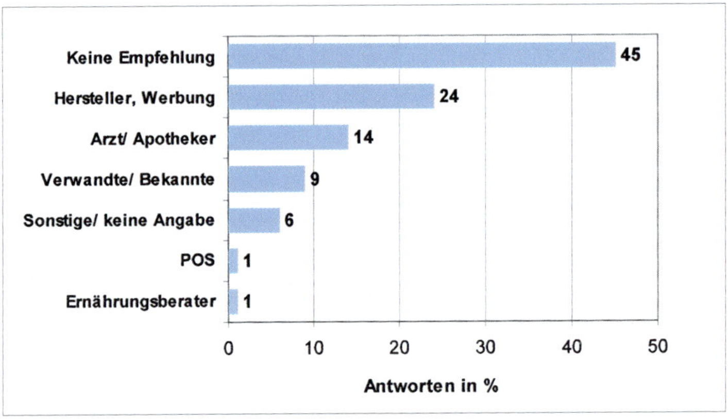

Quelle: Eigene Darstellung nach Verbraucherzentrale und BfR (2007), S. 26[165]

Dennoch kann es im Rahmen eines vielfältigen Marketing-Mix, auch ein richtiger Ansatz sein, gezielt Angehörige, Freunde und Bekannte als Berater und Multiplikatoren zu gewinnen. Dies zeigt nicht nur das Ergebnis der Studie der Verbraucherzentrale und des BfR, sondern auch die eigene Verbraucherbefragung im Rahmen dieser Studie. Hier geben nämlich nur 11,3% der Best Ager an, dass die Empfehlung von Freunden, Bekannten und Familie *keinen* oder nur einen *geringen* Einfluss auf die Glaubwürdigkeit hat. 45,2% sehen aber einen *mittleren* Einfluss und 43,5% sehen sogar einen *großen bis*

---

[165] POS = Point of Sale (Verkaufsort)

sehr großen Einfluss. Empfehlungsmarketing in diese Richtung könnte zum Beispiel durch eine *„Kunden-werben-Kunden-Kampagne"* umgesetzt werden, welche durch Anreize in Form von Geschenken oder Preisnachlässen begleitet werden kann. Ziel ist die Stimulierung einer Mund-zu-Mund-Kommunikation im sozialen Umfeld des potenziellen Verbrauchers. Persönliche Empfehlungen sind ein sehr effektives und effizientes Marketinginstrument, da sie die Glaubwürdigkeit und das Vertrauen in das Produkt stärken und die Aufmerksamkeit und das Kaufinteresse erhöhen.[166]

Aber auch der Einsatz eines vertrauenswürdigen *Testimonials* als Referenzperson kann zu einem positiven Effekt auf die Glaubwürdigkeit führen. Zwar gaben in der eigenen Befragung 42,8% der Best Ager an, dass Werbung mit bekannten Personen, wie zum Beispiel Sportler oder Schauspieler, *keinen* oder nur einen *geringen* Einfluss hat. Jedoch gaben mit 42,3% fast ebenso viele Studienteilnehmer an, dass diese Maßnahme einen *starken bis sehr starken* Einfluss auf die Glaubwürdigkeit hat. Auch die Gemeinschaftsstudie des Verbraucherzentrale und des BfR (siehe Abbildung 23) zeigt auf, dass in 24% der Fälle die Verzehrsempfehlung vom Hersteller beziehungsweise durch die Werbung an den Käufer herangetragen wurde. Wichtig beim Einsatz von bekannten Persönlichkeiten als Repräsentant funktioneller Lebensmittel ist es jedoch, vertrauenswürdige und glaubwürdige Personen zu wählen, um diese Attribute auch auf das Produkt zu transferieren. Die Entscheidung von Unilever für den Werbespot der Margarine Becel pro-activ den Moderator und Entertainer Dieter Bohlen als Testimonial einzusetzen bietet daher Grundlage zur Diskussion.[167] Um solche möglichen negativen Ausstrahlungseffekte zu vermeiden kann zum Beispiel auch eine, der Öffentlichkeit nicht bekannten Familie als Testimonial eingesetzt werden, damit eine Identifikation des Betrachters herbeigeführt wird und somit das Vertrauen auf das Produkt transferiert werden kann. Eine solche Kommunikationsstrategie verfolgt aktuell Danone mit dem Produkt Actimel.

Nach den Ergebnissen der Empirie ist das *soziale Engagement* des Herstellers eine weniger interessante Maßnahme zur Steigerung der Glaubwürdigkeit. Nur 13,6% empfinden diese Art von Öffentlichkeitsarbeit als einen Glaubwürdigkeitsindikator. 50,6% sehen *keinen oder nur einen geringen* Einfluss. Jedoch ist es der Mix verschiedener Marketingmaßnahmen, der zum Erfolg eines Produkts oder einer Marke beiträgt. Eine gut gewählte Sponsoringaktivität kann durchaus direkt oder auch indirekt Auswirkun-

---

[166] Vgl. Pompe (2007), S. 139-140
[167] Vgl. Becel pro-activ (2008)

gen auf das Vertrauen der Verbraucher haben. Produkte und Marken können positiv aufgeladen und die *Markenbekanntheit* gesteigert werden. Vorstellbar ist das *Sponsoring von Sportveranstaltungen* mit der Hauptzielgruppe 45plus, zum Beispiel Nordic Walking-Events. Ein Beispiel für eine erfolgreiche Umsetzung eines solchen Eventsponsorings ist der im Jahr 2007 durchgeführte „Becel Deutschland Walk" unter dem Motto „Mach den ersten Schritt!". Nordic Walking-Interessenten konnten in zehn Etappen im ganzen Bundesgebiet an diesem Lauf teilnehmen. Als Botschafter für gesunde Ernährung und Bewegung waren die Doppelolympiasiegerin Rosi Mittermaier und der Weltcupsieger Christian Neureuther eingesetzt. Unterstützt wurde der Becel Deutschland Walk vom Deutschen Skiverband (DSV), der AOK, Exel, Omron, New Balance, Intersport, Corny und Gerolsteiner.[168] Diese Marketingaktion von Becel ist somit ein beispielhafter Mix aus Eventsponsoring im Bereich 45plus, Einsatz von glaubwürdigen Testimonials und Kooperation mit Institutionen und Unternehmen mit Gesundheitsbezug.

Egal mit welchen Marketingmaßnahmen gearbeitet wird, Ziel sollte es auf jeden Fall sein, die Markenbekanntheit zu erhöhen. Denn laut der empirischen Studie sehen 48,1% der Best Ager die Bekanntheit der Marke als einen *starken bis sehr starken* und 32,5% als einen *mittelstarken* Vertrauensfaktor an. Nur 19,4% sehen in der Markenbekanntheit *keinen* Einfluss auf die Glaubwürdigkeit eines funktionellen Lebensmittels.

6.2.3 Tonalität

Eine Umfrage aus dem Jahr 1999 von GfK ergab, dass sich viele ältere Menschen von der Werbung nicht angesprochen fühlten. 50% der Personen im Alter von 50 bis 79 Jahren gaben an, dass es der Werbung anzumerken sei, dass die Unternehmen oft keine Ahnung haben, worum es reiferen Menschen geht.[169]

Viele Marketingagenturen orientieren sich bei der Ansprache von reiferen Konsumenten an einer Faustregel, die besagt, dass man Models einsetzen muss, die ca. 10 bis 15 Jahre jünger sind als die Zielpersonen selbst.[170] Zwar bestätigt auch die im Rahmen dieses Buches durchgeführten Studie, dass sich 55,3% Best Ager um einige Jahre jünger fühlen („feel age") als es der Realität entspricht („real age"). Doch sich unreflektiert auf

---

[168] Vgl. Becel (2007)
[169] Vgl. Haimann (2005), S. 137
[170] Vgl. PriceWaterhouseCoopers (2006), S. 31

diese Faustformel zu verlassen, kann auch nachteilig sein. Laut einer weiteren Studie der GfK aus dem Jahr 2002 stimmten 70% der älteren Befragten der Aussage zu, dass sie Werbung, in der vermehrt ältere Menschen auftauchen gut finden.[171] Etwa drei Viertel der in der Zielgruppe befragten fühlen sich durch die Abbildung jüngerer Models ausgegrenzt.[172]

Die im Rahmen dieser Studie durchgeführte Empirie zeigt hingegen gegensätzliche Ergebnisse. 24,4% der befragten Best Ager fühlen sich durch jüngere Testimonials eher angesprochen als durch gleichaltrige Models. Nur bei 18,7% hat Werbung mit gleichaltrigen Models mehr Erfolg. 56,9% der Befragten entschieden sich für die Antwortmöglichkeit: „Ich fühle mich weder durch jüngere noch durch gleichaltrige Models angesprochen.", was die kritische Einstellung der Best Ager gegenüber Werbung widerspiegelt. Um die richtige Strategie für ein spezielles Lebensmittel zu finden, sind daher umfangreiche und differenzierte Marktforschungsstudien unerlässlich.

Eine möglichst realistische Darstellung des Konsumentenbildes 50plus und eine Annäherung, nicht über das Alter, sondern über die Lebensstile und das Lebensgefühl sind empfehlenswert. Gerade bei der Bewerbung von gesundheitsfördernden Lebensmitteln sollte die Werbebotschaft mit *positiven Assoziationen* verbunden sein.[173] Das Ziel der Kommunikation müsste es, kurz gesagt, sein, ein *realistisches positives Lebensgefühl* zu verbreiten, in dem Emotionen angesprochen werden wie Lebensfreude, zwischenmenschliche Nähe und Vitalität. "Authentizität, Glaubwürdigkeit, Ehrlichkeit und Charakter stehen dabei für Werte der Zielgruppen, die zugleich Schlüsselworte für eine erfolgreiche Kommunikation darstellen können."[174] Nicht empfehlenswert ist es hingegen, das Werkzeug Angstappell in der Kommunikation einzusetzen oder Ältere als geistig unbeweglich darzustellen. „Niemand will sich als Mitglied einer Altersgruppe fühlen, der geistige Trägheit und körperliche Behinderungen unterstellt werden."[175] Bei Angstappellen in der Kommunikation ist der Grad zwischen Akzeptanz und Ablehnung sehr schmal. Ein positives Beispiel zur Ansprache von Best Agern bietet Becel pro-activ. Die Produktreihe zur Senkung des Cholesterinspiegels genießt eine hohe Akzeptanz bei den Verbrauchern und hat ein äußerst positives Markenimage. Bei der Kommunikation setzt Unilever gezielt auf die Ansprache der älteren Zielgruppe. In den aktuellen TV-

---

[171] Vgl. Meyer-Hentschel (2009), S. 39-40
[172] Vgl. PriceWaterhouseCoopers (2006), S. 19
[173] Vgl. Krauße (2007), S. 84
[174] PriceWaterhouseCoopers (2006), S. 20
[175] Haimann (2005), S. 139

Spots werden Menschen ab 40 in alltäglichen Lebenssituationen dargestellt (Slice of Life), wobei nicht Krankheit, sondern die Freude an einer aktiven Lebensweise im Vordergrund steht.[176]

„Keep it simple" sollte das Motto der Marketingstrategien zur Ansprache von älteren Konsumenten heißen. Einfach zu handhabende Produkte, sowie *verständlich formulierte Wirkversprechen* und *gut lesbare Verpackungstexte* sind Aspekte, die im Grunde für alle Verbraucher, ob jung oder alt, gelten sollten. Ebenso sollte auf den Gebrauch von Anglizismen verzichtet werden. Laut einer Studie des Unternehmens Endmark, können weniger als die Hälfte der Deutschen englische Werbesprüche richtig übersetzen.[177] Daher gilt: „Das Kaufinteresse nimmt in dem Maße ab, wie die Verwirrung zunimmt."[178] Gerade bei erklärungsbedürftigen Functional Food-Produkten sollte die Botschaft verständlich auf den Punkt gebracht werden, so dass es für den älteren Konsumenten keinen hohen kognitiven Aufwand darstellt, die Botschaft zu empfangen, zu entschlüsseln und zu verstehen. Dies stellt immer eine Gradwanderung zwischen dem hohen Aufklärungsbedürfnis der Verbraucher und eine *Reduzierung der Informationsflut* dar. „Die Informationen müssen in einer Form dargestellt werden, die die heutzutage informationsüberlasteten Verbraucher noch erreichen. Dadurch können die Unternehmen das Vertrauen der Verbraucher gewinnen und dem Verbraucher grundlegende Kenntnisse vermitteln, um die Akzeptanz von Functional Food-Produkten zu sichern."[179]

Von Vorteil ist es auch, wenn die Konsumenten bereits außerhalb des Point of Sale Kenntnisse über die funktionellen Inhaltsstoffe oder das Produkt selbst erlangt haben. Zum Beispiel durch *veröffentlichte Studien* in Wellnessmagazinen und Frauenzeitschriften oder durch TV-Spots. Dies macht neugierig auf das Lebensmittel, trägt zum besseren Verständnis der Wirkungsweise bei und verstärkt bereits vor der Kaufentscheidung eine emotionale Aufladung des Produkts. Der Kunde muss somit nicht erst am Point of Sale vom Produkt überzeugt werden, sondern verfügt bereits über einen gewissen Erfahrungshorizont.[180]

---

[176] Vgl. Gassmann et al (2006), S. 103
[177] Vgl. Haimann (2005), S. 131-132, S. 140
[178] Gassmann (2007), S. 143
[179] Potratz, Wildner (1999a), S. 8
[180] Vgl. Dustmann (2006), S. 283

6.3 Produktpolitik

Aus der empirischen Studie geht hervor, dass 82,7% der Best Ager sehr viel Wert auf eine gesunde und aktive Lebensweise legen. Darüber hinaus sind 93,1% der Meinung, dass man mit der richtigen Ernährung starken Einfluss auf die Gesundheit nehmen kann. Potenzial für einen Markterfolg mit Functional Food gibt es daher grundsätzlich für alle Produkte, welche nachweislich zur Prävention vor altersbedingten Gesundheitsrisiken dienen. Hierzu zählen vor allem die so genannten Zivilisationskrankheiten, wie zum Beispiel Übergewicht, Herz-Kreislauf-Erkrankungen, erhöhte Blutfettwerte (Cholesterin) und Allergien.[181]

Jedoch geben 76,7% der Studienteilnehmer an, dass man solche funktionellen Produkte nicht bräuchte, wenn man sich natürlich und ausgewogen ernähre. Die Mehrheit (59,2%) sieht in Functional Food lediglich eine Marketingidee der Hersteller, um mehr Umsatz zu machen und 46,1% zweifeln deren gesundheitliche Wirkung an. Diese relativ negative Einstellung zeugt zum einen von einer fehlenden Akzeptanz von Functional Food bei den älteren Verbrauchern und zum anderen von einem hohen Misstrauen gegenüber dieser Produktkategorie.

Als Schlussfolgerung in Bezug auf die Produktpolitik von funktionellen Lebensmitteln muss dies bedeuten, dass dem Misstrauen der Verbraucher möglichst schon im Kern entgegengewirkt werden sollte. Umfangreiche und unabhängige *wissenschaftliche Studien* scheinen eine produktpolitische Maßnahme zu sein, um die Glaubwürdigkeit von Functioanl Food von Grund auf zu erhöhen. Die Auswertung der empirischen Studie ergibt, dass 36,2% der Best Ager bei vorliegenden wissenschaftlichen Studien einen *mittleren* Einfluss auf die Glaubwürdigkeit des Produkts bestätigen und 45,3% in dieser Maßnahme sogar einen *großen bis sehr großen* Einfluss sehen.

Zum einen muss die Funktionalität des Lebensmittels wissenschaftlich belegt sein und zum anderen muss die Kombination von Trägerlebensmittel und dem gesundheitlichen Zuatznutzen authentisch sein. Denn wenn die *Authentizität* des Produkts fehlt, wird es am Markt keinen Absatz finden. Ein Flopbeispiel bieten hier Vivil Toffées mit probiotischen Joghurtkulturen. Je ungesünder das Basisprodukt in der Wahrnehmung des Verbrauchers ist, desto schlechter ist die Akzeptanz. Doch auch bei zu gesund anmutenden Grundprodukten, wie zum Beispiel Vollkornbrot, könnte eine Anreicherung mit

---

[181] Vgl. Bless (2008), S.66

Zusatzstoffen als unnötig angesehen und somit abgelehnt werden.[182] Die Elemente des funktionellen Produktes müssen harmonieren und vom Verbraucher verstanden werden. Des Weiteren sollten der Zusatzstoff und seine Wirkungsweise vom Verbraucher bereits, zum Beispiel als Naturheilmittel oder natürlich vorkommenden Pflanzenstoff, anerkannt sein.

Laut der Verbraucherbefragung ist die *Naturbelassenheit* von Lebensmitteln für 75,6% der Best Ager ein wichtiges Einkaufskriterium. Die Herstellung von Functional Food sollte demnach so natürlich wie möglich erfolgen und auch entsprechend kommuniziert werden. Jedoch ist ein abwechselnder oder gleichzeitiger Konsum von sich widersprechenden Lebensmitteln heute weit verbreitet. Unterschiedliche Konsumstile werden bewusst oder unbewusst gemixt.[183] So ist es möglich, dass die Befragten zwar deutliche Präferenzen zu naturbelassenen Nahrungsmitteln aufweisen und eine Anreicherung von Lebensmitteln strikt ablehnen, aber dennoch gleichzeitig angeben funktionelle Lebensmittel selbst zu konsumieren. Die Einstellung über Ernährung und das tatsächliche Handeln ist bei Best Agern nicht immer im Einklang.

Der *Verpackung* sprachen die Studienteilnehmer von allen erwähnten Produkteigenschaften die geringste Rolle als Einkaufskriterium zu. 50,4% der befragten Best Ager gaben an, dass das Aussehen und die Verpackung für sie *keine oder nur eine geringe Rolle* beim Kauf von Produkten spielen. Aber immerhin 52,3% gaben an, dass eine ansprechende Lebensmittelverpackung die Glaubwürdigkeit von Functional Food *mittelstark bis sehr stark* beeinflussen kann.

Funktionelle Lebensmittel werden hauptsächlich spontan als Ergänzung zu herkömmlichen Lebensmitteln gekauft.[184] Die Wahrnehmung der Verpackung und die Entschlüsselung der Informationen stellt also meist eine unbewusste, aber dennoch sehr wichtige Interaktion mit der Produktbotschaft dar. Die Wahl der richtigen Verpackung sollte daher elementarer Bestandteil der Produktpolitik sein, da sie bei der Kaufentscheidung am Point of Sale eine entscheidende Rolle spielt. Neben der guten *Lesbarkeit und Übersichtlichkeit von Informationen* auf Produktverpackungen sollte eine weitere wichtige Überlegung der richtigen Wahl der Packungsgröße gewidmet sein. Kleine und *handliche Verpackungsgrößen* sind aufgrund der steigenden Zahl von Single-Haushalten empfehlenswert. Je älter die Konsumenten sind, desto mehr spielt auch das Gewicht eine

---

[182] Vgl. Dustmann (2006), S. 275-276
[183] Vgl. Krauße (2007), S.38
[184] Vgl. Dustmann (2006), S. 233

Rolle, da die Waren nach Hause transportiert werden müssen. 43% der Älteren fordern daher kleinere Verpackungsgrößen. Ebenso steigt mit dem Alter auch die Forderung nach einer einfachen Handhabung der Lebensmittelverpackungen, das heißt wie einfach es ist die Verpackung zu öffnen und gegebenenfalls wieder zu verschließen. Mehr als 90% der über 60-Jährigen äußern generelle Probleme beim Öffnen von Verpackungen. Weiterhin beklagen sich 66% über unnötig viel Verpackungsmaterial.[185] Um vom älteren Konsumenten am Point of Sale wahrgenommen zu werden, ist es vor allem wichtig sich durch *Form, Farbe und Grafik* der Verpackung vom Wettbewerb abzuheben. Gerade die anspruchsvolle ältere Generation ist nicht bereit lange nach dem gewünschten Produkt zu suchen und komplizierte Informationen auszuwerten. Als positive Beispiele können hier die kleinen Fläschchen von Danone Actimel und Yakult hervorgehoben werden oder auch die intensive grüne Farbe von Danone Activia, welche sofort ins Auge fällt und dabei Assoziationen von Natürlichkeit und Gesundheit zu erzeugen vermag.[186] Um einen Informationsstress des Konsumenten zu vermeiden kann es auch sinnvoll sein, die *Variantenvielfalt* funktioneller Lebensmittel zu begrenzen.[187]

6.4 Preispolitik

In der Fachliteratur wird in Bezug auf Functional Food meist eine *Hochpreisstrategie* empfohlen. Einen durchschnittlichen Preisaufschlag von bis zu 20% im Vergleich zu herkömmlichen Produkten gilt aufgrund des Zusatznutzens als realistisches Maß.[188]

Auch die Charakteristik der Zielgruppe 45plus legt einen hohen Preis für funktionelle Lebensmittel nahe. Best Ager sind in der Regel weniger preissensibel als jüngere Konsumenten, aber achten dabei gleichzeitig verstärkt auf qualitativ hochwertige und ausgereifte Produkte.[189] Des Weiteren stimmen laut einer GfK-Studie 40% der über 50-Jährigen der Aussage zu, dass teure Marken meist die besseren sind.[190] Ältere Menschen zeichnen sich auch durch eine hohe Markentreue aus, wobei sie bei Unzufriedenheit aber auch durchaus etwas Neues ausprobieren.[191]

[185] Vgl. Meyer-Hentschel (2009), S. 49-51
[186] Vgl. Dustmann (2006), S. 26
[187] Vgl. Dustmann (2006), S. 277
[188] Vgl. Dustmann (2006), S.280
[189] Vgl. PriceWaterhouseCoopers (2006), S.1
[190] Vgl. Gassmann (2006), S. 62 und S. 66
[191] Vgl. Gassmann (2006), S. 62 und S. 66

Diese Ansichten werden durch die Auswertung der empirischen Studie bestätigt. Der Preis landet nur auf dem fünften Platz der wichtigsten Eigenschaften beim Kauf von Lebensmitteln. Für 62,7% ist der Preis zwar ein *wichtiges oder sehr wichtiges* Kriterium. Relevanter hingegen ist die Qualität des Produkts mit 99,2%. Somit scheint tatsächlich die Qualität des Produkts wichtiger zu sein als der Preis.

Doch nur 17,6% der Befragten finden einen höheren Preis für funktionelle Lebensmittel gerechtfertigt und nur 14% bestätigen einen *hohen bis sehr hohen* Einfluss auf das Glaubwürdigkeitsempfinden.

Da die Preisstrategie meist eng mit der Markenpolitik des Herstellers verknüpft ist, wird das Thema „Marke" auch unter dem Kapitel Preispolitik angeschnitten. Laut den Studienergebnissen ist die Wichtigkeit der Marke beim Kauf von Produkten auf Platz sechs und hat im Durchschnitt nur eine mittlere Gewichtung. Dies zeugt auf den ersten Blick davon, dass die Marke für Best Ager nicht so relevant zu sein scheint. Jedoch geben 48,1% der befragten Best Ager an, dass die Bekanntheit der Marke einen *hohen bis sehr hohen* Einfluss auf die Glaubwürdigkeit von funktionellen Lebensmitteln hat.

Diese Ergebnisse widersprechen teilweise den vorherrschenden Ansichten in der Fachliteratur, wonach Premiumpreise und Markenprodukte bei der Zielgruppe 45plus insbesondere als Qualitätsindikator gewertet werden. Laut den Studienergebnissen scheint somit die Positionierung von Functional Food im Premiumpreisbereich nicht ohne weiteres eine Garantie für den Erfolg von Functional Food im Kundensegment 45plus sein. Die kritische Einstellung der Best Ager bezüglich angereicherten Lebensmitteln und die damit einhergehende fehlende Bereitschaft Premiumpreise zu zahlen, zeugt wieder deutlich von der mangelnden Glaubwürdigkeit und der bestehenden Informationsasymmetrie.

Dies bedeutet für die Hersteller, dass hohe Preise in der Wahrnehmung des Verbrauchers nur dann gerechtfertigt sind, wenn der gesundheitliche Zusatznutzen klar und deutlich kommuniziert wird und das Produkt glaubwürdig von herkömmlichen Produkten abgegrenzt werden kann. Eine emotionale Aufladung des Produkts kann zur Akzeptanz eines höheren Preises zusätzlich beitragen.

Positionierung im Hochpreis-Segment, die Bekanntheit der Marke und die Wahrung von Qualitätsanforderungen kann bei der Zielgruppe 50plus in Kombination mit einer passenden Kommunikationsstrategie durchaus zu einer Aufwertung des Produkts und zu einer erhöhten Glaubwürdigkeit des Produktversprechens führen. Die Premiumpreise der funktionellen Lebensmittel müssen daher mit Marketingmaßnahmen einhergehen, welche das Verständnis für den erhöhten Preis gegenüber herkömmlichen Produkten fördern. Der Mehrwert muss durch einen entsprechenden Zusatznutzen klar kommuniziert werden.[192]

Zu erwähnen bleibt noch, dass bei Markteinführung auf eine übermäßige Gewährung von Preisnachlässen verzichtet werden sollte, da dies die Wahrnehmung des Produktwerts beim Endverbraucher negativ beeinflussen könnte.[193]

6.5 Distributionspolitik

Functional Food stellt für den Handel eine willkommene Möglichkeit der Sortimentserweiterung dar, unter anderem, da für alle Beteiligten vergleichsweise hohe Gewinnspannen zu erwirtschaften sind.[194] Bisher werden funktionelle Lebensmittel fast ausschließlich über die gleichen Absatzkanäle vertrieben, wie herkömmliche Lebensmittel. Dies spiegelt auch die Erwartungshaltung der Verbraucher wider. In Relation gesehen finden sich jedoch mehr funktionelle Lebensmittel in Apotheken und Drogeriemärkten als herkömmliche Produkte. Beispiele für solche Produkte sind vor allem Energieriegel und Sportgetränke, welche aber nur eine kleine Nische bilden.[195]

In der durchgeführten Studie fielen 44,3% aller Stimmen auf den *Supermarkt* als bevorzugte Einkaufstätte. Der zweitwichtigste Distributionskanal stellt der Discounter dar mit 32,5% aller Antworten. Jedoch sollten Discounter bei einer Produktneueinführung gemieden werden, da eine zu schnelle „Aldisierung", ähnlich wie bei zu hohen Preisnachlässen, zur verminderten Wahrnehmung des Mehrwerts führt.[196] In einer späteren Phase des Produktlebenszyklus, kann eine Ausweitung der Distributionskanäle auf Discounter, aber durchaus eine sinnvolle Abschöpfungsstrategie darstellen.

Der Bio-Laden mit 13% der Stimmen und das SB-Warenhaus mit 10,2% der Stimmen werden weniger häufig von den befragten Best Agern frequentiert als Supermärkte oder Discounter.

---

[192] Vgl. Potratz,, Wildner (1999a), S. 4
[193] Vgl. Dustmann (2006), S. 280
[194] Vgl. Dustmann (2006), S. 280
[195] Vgl. Dustmann (2006), S. 82
[196] Vgl. Dustmann (2006), S. 280

Der Supermarkt stellt daher auch für Best Ager den wichtigsten Absatzkanal für Functional Food dar. Für ältere Personen ist die Freundlichkeit und Aufmerksamkeit des Supermarktpersonals von größerer Bedeutung als für jüngere Personen. Sie schätzen eine persönliche, freundliche und kompetente Beratung. Dahingehend könnten bei Produktneueinführungen geschulte Außendienstmitarbeiter gezielt Produktsamples an Best Ager verteilen und über die Wirkungsweise des Functional Food aufklären.[197]

Die Distributionspolitik steht nicht nur allein für die Wahl des geeigneten Absatzkanals sondern schließt auch die richtige Platzierung der Produkte im Handel ein. Zur optimalen Platzierung am Point of Sale gibt es zwei verschiedene Meinungen. Zum einen könnte eine separate Platzierung, also fernab der herkömmlichen Substitutionsprodukte, den Mehrwert der Lebensmittel hervorheben und somit eine eindeutige Differenzierung vom Wettbewerb erwirken. Zum anderen könnte eine *Integration* von funktionellen Lebensmitteln in die Regale der herkömmlichen Lebensmittel Impulskäufe generieren. Sicher ist jedoch, dass der Kunde eine eindeutige Kennzeichnung von Functional Food wünscht. Bei der Integration des funktionellen Portfolios in den Bereich der herkömmlichen Produkte ist eine *Marken-Block-Platzierung* empfehlenswert, um eine höhere Aufmerksamkeit zu erregen.[198] Dies bedeutet, dass alle Produktvarianten der Functional Food-Marke gemeinsam im Regal platziert werden sollen, zum Beispiel das probiotische Joghurt neben dem probiotischen Joghurtdrink des gleichen Herstellers.

6.6 Zusammenfassung der Empfehlungen für den Marketing-Mix

Die folgende Tabelle gibt eine Übersicht über die gesammelten Erkenntnisse bezüglich des empfohlenen Marketing-Mix von Functional Food für das Kundensegment der Best Ager.

---

[197]   Vgl. Meyer-Hentschel (2009), S. 55
[198]   Vgl. Dustmann (2006), S. 281

Tabelle 7: Übersicht der Empfehlungen eines Marketing-Mix von Functional Food für das Kundensegment der Best Ager

	Grundsätzliche Empfehlungen	Altersspezifische Empfehlungen
Kommunikations-Politik	Vertrauen stärken Glaubwürdigkeit des Zusatznutzens stützen Krankheitsorientierte Aussagen vermeiden Rechtliche Rahmenbedingungen bei der Auslobung von Gesundheitsversprechen beachten Verbraucheraufklärung Öffentlichkeitsarbeit Zusammenarbeit mit Interessenverbänden und Verbraucherschutzorganisationen Kooperationen und Co-Branding	Hervorheben von Vitalität und Lebensfreude Altersbedingte Krankheitsbezüge vermeiden Keine Angstappelle in der Werbung Positive Botschaften verwenden Produkt emotional aufladen Empfehlungsmarketing Gütesiegel kommunizieren Altersgerechte Testimonials
Produkt-Politik	Anerkennung des Wirkstoffes bei der Zielgruppe Authentizität der Kombination Trägerlebensmittel/ Wirkversprechen Wirksamkeitsnachweise Verwendung von Farben und Namen, die Assoziationen von Gesundheit und Wohlbefinden hervorrufen Prägnante Verpackung	Hohe Qualität Transferierung von Markenbekanntheit Anschein von Natürlichkeit wahren Kleine Gebindeformen Übersichtlichkeit und Verständlichkeit der Verpackungstexte Funktionalität sollte sich auf Herz-Kreislauf, Verdauung oder Cholesterin beziehen
Preis-Politik	Hochpreispolitik Keine Preisaktionen Differenzierung vom Wettbewerb	Hoher Preis, muss durch Qualität und Zusatznutzen gerechtfertigt sein Preis als Qualitätsindikator
Distributions-Politik	Lebensmitteleinzelhandel, Supermärkte Bei Neuprodukteinführungen Discounter zunächst meiden Integration in herkömmliche Warengruppe am POS Marken-Block-Platzierung	Reformhaus, Apotheke, kleine Fachgeschäfte berücksichtigen Zentrale Regalposition

Quelle: Eigene Darstellung nach Dustmann (2006), S. 274- 286, Meyer-Hentschel (2009), S. 63, Pompe (2007), S. 141 – 142 und Verbraucherbefragung Januar 2010

7. Schlussbetrachtung und Ausblick

7.1 Zusammenfassung

Gesättigte Märkte in der Lebensmittelindustrie setzen die Nahrungsmittelhersteller unter Druck potenzielle Marktnischen zu finden, in denen weiterhin Wachstum möglich ist. Im Laufe dieser Studie konnte gezeigt werden, dass funktionelle Lebensmittel, ausgerichtet auf die Zielgruppe 45plus, ein solches viel versprechendes Marktsegment mit hohem nationalem und internationalem Wachstumspotential darstellen kann. Vor allem die Trends Gesundheit, Genuß und Convenience scheinen Treiber der Functional Food-Nachfrage zu sein. Der demografische Wandel macht die Best Ager mit ihrer Affinität zu Gesundheitsvorsorge, einer überdurchschnittlich hohen Kaufkraft und ihrem großen zahlenmäßigen Wachstum zu einer besonders interessanten Kundengruppe für die Hersteller von Produkten mit gesundheitlichem Zusatznutzen.

Die im Rahmen dieser Untersuchung durchgeführte empirische Verbraucherbefragung konnte aufzeigen, dass die größte Hürde bei der Erreichung der Best Ager im fehlenden Vertrauen gegenüber angereicherten Lebensmitteln liegt. Best Ager sind funktionellen Lebensmitteln gegenüber eher kritisch eingestellt. Die allgemein negative Meinung über Functional Food, könnte aus einem Informationsdefizit der Best Ager resultieren. Nur sehr wenige der befragten Personen fühlen sich ausreichend über die gesundheitliche Wirkung und eventuelle Risiken informiert. Die vorherrschende Meinung ist, dass es sich bei Functional Food nur um eine Marketingidee der Hersteller handelt und die Produkte in ihrer Wirkung zweifelhaft sind. Eine ausgewogene Ernährung, mache funktionelle Lebensmittel überflüssig.

Es konnte aber gleichermaßen aufgezeigt werden, dass mit einem gut durchdachten Marketingkonzept der Markt für funktionelle Lebensmittel für Best Ager durchaus sehr erfolgreich und gewinnbringend erschlossen werden kann. Trotz tendenzieller Ablehnung angereicherter Lebensmittel konsumieren viele Best Ager bereits bewusst oder unbewusst Functional Food. Es gibt zahlreiche Beispiele aus der Praxis, wie die Produkte Becel pro-activ und Actimel, welche eine Integration der Best Ager in die Marketingstrategie bereist erfolgreich umgesetzt haben.

Bei der Ansprache der Best Ager ist auf eine möglichst realistische Darstellung des Konsumentenbilds, sowie eine klare und verständliche Produktbotschaft, verknüpft mit positiven Assoziationen von Lebensfreude und Vitalität zu achten. Marketingpolitischen

Maßnahmen, wie zum Beispiel die Kommunikation von Gütesiegeln und wissenschaft-lichen Studien, Einsatz vertrauenswürdiger Meinungsführer, sowie Zusammenarbeit mit Interessenverbänden können die Glaubwürdigkeit des Produktversprechens in besonde-rem Maße untermauern und klassische Werbung über TV, Print und Promotion am Point of Sale ergänzen.

Die Preispolitik von Functional Food-Anbieter muss gut durchdacht werden, da ein ho-her Preis zugleich die Kaufzurückhaltung der Best Ager schüren, als auch als Qualitäts-indikator dienen kann. Eine Premiumpreisstrategie ist daher nur dann sinnvoll, wenn der Zusatznutzen durch die Zielgruppe 45plus anerkannt und für glaubwürdig befunden wird.

Vor diesem Hintergrund sollte bereits bei der Produktentwicklung darauf geachtet wer-den, dass das Trägerprodukt in Kombination mit dem funktionellen Inhaltsstoff authen-tisch ist und dem Verbraucher auch tatsächlich einen gesundheitlichen Nutzen bringen kann. Das Produktdesign sollte Natürlichkeit vermitteln, da Best Ager chemisch-medizinisch anmutende Lebensmittel eher ablehnen. Die funktionellen Lebensmittel sollten sich auch durch prägnante Farben und Formen von herkömmlichen Produkten abheben.

Als Distributionskanal neu entwickelter funktioneller Lebensmittel ist der klassische Supermarkt die beste Wahl, da Functional Food meist spontan als Ergänzung zu her-kömmlichen Lebensmitteln gekauft wird. In einer späteren Phase des Produktlebenszyk-lus kann jedoch die Platzierung der Produkte in Discountern sinnvoll sein, da diese nach dem Supermarkt die beliebteste Einkaufsstätte der Best Ager darstellen.

Um erfolgreich am Markt agieren zu können, müssen die Akteure der Lebensmittelin-dustrie die Trends und Entwicklungen der heutigen Zeit verstehen und entsprechend auf sie reagieren. Mit einem gut durchdachten Marketing-Mix kann die Integration der Zielgruppe 45plus in die Marketingstrategie der Functional Food-Hersteller eine geeig-nete Maßnahme darstellen den aktuellen Herausforderungen der Lebensmittelindustrie entgegenzutreten.

7.2 Ausblick

In der Zukunft wird der Trend nach immer gesünderen Lebensmitteln anhalten und noch stärker in den medizinischen Bereich gehen. Es wird voraussichtlich eine engere Zusammenarbeit von Pharmazie und Ernährungswissenschaft geben, um so genannte *Medifoods* zu entwickeln. Dabei könnte es sich zum Beispiel um Aspirin in Keksen handeln oder Antibabay-Medikationen in Cerealien. Dies klingt zwar nach einer Zukunftsvision in weiter Ferne, jedoch wird bereits heute schon mit gentechnisch veränderten Lebensmitteln geforscht, welche selbständig Impfstoffe generieren sollen.[199] Auch an der Integration funktioneller Eigenschaften bereits in der Primärstufe wird aktuell gearbeitet. Eie *native Anreicherung von Rohstoffen*, wie zum Beispiel die Produktion Omega-3-Fettsäurehaltigen Milchprodukten durch entsprechende Zufütterung oder die Erhöhung besonderer Pflanzenstoffe in Obst und Gemüse ist nicht nur denkbar sondern auch umsetzbar.[200] Auch ein Trend zu geschlechtsspezifischem Functional Food, dem so genannten *Gender Food*, wird von Experten vorhergesagt. Entsprechende Nahrungsergänzungsmittel existieren bereits. Für Frauen sind Drinks mit erhöhtem Anteil an Vitamin C, Folsäure und Eisen und für die Männer sind zinkhaltige Produkte interessant.[201] Immer wichtiger wird auch der Markt für *Anti-Aging-Food*. Den Trend zum ewig Jungsein kann man bereits bei diversen Kosmetika und im Wellnesstrend vorfinden, doch in Japan gibt es sogar ein Getränk namens „Tense up", mit welchem man Collagen und Vitamin E oral zu sich nimmt und somit die Feuchtigkeitscreme für die Haut ersetzt.[202] Bereits Danone hat mit seinem Produkt „Essensis" dem europäischen Markt ein funktionelles Lebensmittel angeboten, welches durch Anreicherung mit Vitamin E, Antioxidantien aus Grüntee-Extrakten, Probiotika und Borretschöl „die Haut von innen ernähren kann".[203]

Der Konsument kann gespannt sein, mit welchen Innovationen die Lebensmittelindustrie, neben Functional Food, aufwarten wird, um sich trotz gesättigter Märkte Wachstumsnischen zu schaffen. *Mood Food, Ethic Food, Clean Food* und *Sensual Food* können weitere interessante Recherchefelder darstellen.

---

[199] Vgl. Krauße (2007), S. 48
[200] Vgl. Dustmann (2006), S. 279
[201] Vgl. Krauße (2007), S. 51
[202] Mühlhausen (2000), S. 62
[203] Vgl. O. V. (2010)

Anlagenverzeichnis

Anhang 1: Fragebogen der empirischen Verbraucherbefragung

HOCHSCHULE PFORZHEIM ▄▄▄

Fragebogen

Guten Tag, mein Name ist Sandra Maier.
Im Rahmen meiner wissenschaftlichen Abschlussarbeit an der Hochschule Pforzheim führe ich eine Befragung zum Thema „funktionelle Lebensmittel" durch. Ihre Angaben werden selbstverständlich anonym behandelt.
Ich würde mich sehr über Ihre Teilnahme freuen!

1.) Kennen Sie den Begriff „Functional Food" oder „Funktionelle Lebensmittel"?

☐ ja (weiter mit **Frage 2**)　　　☐ nein (weiter mit **Frage 3**)

2.) Wenn JA, was verstehen Sie darunter?

_____

_____

3.) Wer ist in Ihrem Haushalt hauptsächlich für den Einkauf zuständig?

☐　　　　　　　　☐　　　　　　　　☐
Sie selbst　　Jemand anderes (z.B. Ehepartner)　　Ihr Partner und Sie gleichermaßen

4.) Wo gehen Sie oder Ihr Lebenspartner hauptsächlich Einkaufen?

☐　Discounter　　(z.B. Aldi, Lidl)
☐　Supermarkt　　(z.B. Edeka, Rewe)
☐　SB-Warenhaus　(z.B. real,-, Kaufland)
☐　Bio-Laden　　　(z.B. Alnatura, Demeter, Reformhaus, Wochenmarkt)

5.) Wie wichtig sind Ihnen folgende Eigenschaften beim Kauf von Lebensmitteln?
Bitte ankreuzen auf einer Skala von 1 = sehr wichtig bis 5 = total unwichtig

	1 Sehr wichtig	2 Eher wichtig	3 neutral	4 Eher unwichtig	5 Total unwichtig
a) Geschmack	☐	☐	☐	☐	☐
b) Gesundheit	☐	☐	☐	☐	☐
c) Qualität	☐	☐	☐	☐	☐
d) Preis	☐	☐	☐	☐	☐
e) Bequemlichkeit der Zubereitung	☐	☐	☐	☐	☐
f) Naturbelassenheit	☐	☐	☐	☐	☐
g) Verpackung/ Aussehen	☐	☐	☐	☐	☐
h) Marke	☐	☐	☐	☐	☐

6.) Wie häufig kaufen Sie neue Produkte zum Ausprobieren?

☐   ☐   ☐   ☐   ☐

sehr häufig   häufig   ab und zu   selten   nie

7.) Wie ist Ihre Einstellung gegenüber Werbung?

☐   ☐   ☐   ☐   ☐

sehr positiv   eher positiv   weder noch   eher negativ   sehr negativ

8.) Denken Sie nun an Werbung für Lebensmittel im Fernsehen. Fühlen Sie sich in einem Werbespot durch Personen in Ihrem Alter eher angesprochen als durch jüngere Personen?

☐   ☐   ☐   ☐   ☐

ja   eher ja   weder noch   eher nein   nein

9.) Wie stark passt folgender Satz zu Ihnen:
„Ich lege sehr viel Wert auf eine gesunde und aktive Lebensweise!"

☐   ☐   ☐   ☐   ☐

stimme voll   stimme zu   neutral   stimme nicht zu   stimme gar nicht zu
und ganz zu

10.) Wie stark stimmen Sie mit folgender Aussage überein:
"Mit der richtigen Ernährung kann man starken Einfluss auf die Gesundheit nehmen!"

☐   ☐   ☐   ☐   ☐

stimme voll   stimme zu   neutral   stimme nicht zu   stimme gar nicht zu
und ganz zu

11.) Können Sie sich vorstellen für Produkte mit nachgewiesenem positiven Effekt auf die Gesundheit mehr Geld auszugeben als für normale Produkte?

☐   ☐   ☐   ☐   ☐

Ja ganz sicher   eher ja   kommt drauf an   eher nein   ganz und gar nicht

12.) Dies ist eine allgemeine Definition zu funktionellen Lebensmitteln:

Funktionelle Lebensmittel:

Lebensmittel, die mit zusätzlichen Nährstoffen angereichert werden.
Sie versprechen einen bestimmten Nutzen für die Gesundheit.
Beispiele: cholesterinsenkende Margarine, probiotischer Joghurt, ACE-Saft,
Brot mit Omega-3-Fettsäuren, Müsli mit Mineralstoffen.

Kennen Sie solche funktionellen Lebensmittel?

☐ ja   ☐ nein

13.) Fallen Ihnen spontan Hersteller, Marken oder Produkte ein? (bitte notieren)

_____

14.) Welche funktionellen Produkte verzehren Sie selbst gelegentlich?
(Mehrere Antworten möglich)

☐   Süsswaren   (z.B. Nimm 2 Bonbons, Wick plus C, Granini Multivitaminbonbons)

☐   Milchprodukte   (z.B. Actimel, Nestlé LC1, Yakult, Fruchtzwerge)

☐   Margarine   (z.B. Becel pro activ, Lätta hoch 2)

☐   Cerealien   (z.B. Nestlé Fitness Flakes, Vitalis Müsli Plus)

☐   Backwaren   (z.B. Calcium-Brot, Omega-3-Brot)

☐   Getränke   (z.B. Müller ACE-Drink, Hohes C mit Calcium)

☐   Sonstige: _____

☐   keine

15.) Stimmen Sie folgenden Aussagen über funktionelle Lebensmittel zu?:
Bitte ankreuzen auf einer Skala von 1 =Stimme sehr zu bis 5=Stimme gar nicht zu

	1 sehr	2 eher Ja	3 neutral	4 eher nein	5 gar nicht
a) Tragen praktisch und schnell zu einer gesunden Ernährung bei	☐	☐	☐	☐	☐
b) Die gesundheitliche Wirkung ist zweifelhaft	☐	☐	☐	☐	☐
c) Sind erforscht und daher unbedenklich	☐	☐	☐	☐	☐
d) Ich finde einen höheren Preis für funktionelle Lebensmittel gerechtfertigt	☐	☐	☐	☐	☐
e) Es gibt zu wenige Informationen über die gesundheitliche Wirkung und eventuelle Risiken	☐	☐	☐	☐	☐
f) Ist nur eine Marketing-Idee der Hersteller um mehr Geld zu machen	☐	☐	☐	☐	☐
g) Ich würde eine Ausweitung des Angebots begrüßen	☐	☐	☐	☐	☐
h) Ich würde funktionelle Lebensmittel die speziell an Gesundheitsbedürfnisse in meinem Alter angepasst sind begrüßen	☐	☐	☐	☐	☐
i) Wenn ich mich natürlich und ausgewogen ernähre brauche ich solche Produkte nicht	☐	☐	☐	☐	☐
j) Ich lehne angereicherte Lebensmittel eher ab	☐	☐	☐	☐	☐

16.) Welchen Einfluss haben, Ihrer Meinung nach, folgende Faktoren auf die Glaubwürdigkeit von funktionellen Produkten?
Bitte ankreuzen auf einer Skala von 1 (sehr großen Einfluss) bis 5 (keinen Einfluss)

	1 Sehr groß	2 groß	3 mittel	4 gering	5 keinen
a) Werbung mit bekannten Personen (z.B. Sportler, Schauspieler)	☐	☐	☐	☐	☐
b) Gütesiegel von Stiftung Warentest oder Öko-Test	☐	☐	☐	☐	☐
c) Empfehlung von Familie oder Freunden	☐	☐	☐	☐	☐
d) Ansprechende Lebensmittelverpackung	☐	☐	☐	☐	☐
e) Empfehlung vom Arzt	☐	☐	☐	☐	☐
f) Soziales Engagement des Herstellers	☐	☐	☐	☐	☐
g) Hoher Preis	☐	☐	☐	☐	☐
h) Wissenschaftliche Studien	☐	☐	☐	☐	☐
i) Bekanntheit der Marke	☐	☐	☐	☐	☐

17.) Geschlecht
☐ Männlich   ☐ Weiblich

18.) Was ist Ihr Geburtsjahrgang? _____

19.) Fühlen Sie sich jünger oder älter als Ihr tatsächliches Alter?

☐ viel jünger   ☐ eher jünger   ☐ weder noch   ☐ eher älter   ☐ viel älter

20.) Was ist Ihr gefühltes Alter? _____

21.) Sind Sie berufstätig?
☐ Ja   ☐ Nein

22.) Wie hoch ist Ihr monatliches Netto- Haushaltseinkommen?
☐ unter 1000€   ☐ 3000 bis unter 4000
☐ 1000 bis unter 2000   ☐ 4000 und mehr
☐ 2000 bis unter 3000   ☐ keine Angabe

23.) Nutzen Sie selbst das Internet?
☐ Ja   ☐ Nein

24.) Wie viele Leute leben im Haushalt? ☐

Vielen Dank für Ihre
Teilnahme!

Anhang 2: Nährstoffe und ihre Wirkung auf Zielfunktionen des Körpers

Funktionelle Stoffe	Wirkung/ Funktion				
	Herz/ Kreislauf	Magen/ Darm	Knochen-gesundheit	Immun-system	Zellteilung/ Stoffwechsel
Provitamin A (Carotinoide)	X			X	
Vitamin E, C, Flavonoide, Selen	X			X	
B-Vitamine	X				X
Calcium, Vitamin D			X		
Probiotika		X		X	
Prebiotika		X		X	
Ballaststoffe	X	X			
Omega-3-Fettsäuren	X				
Phytosterine, Phytosterole	X				
Folsäure, Eisen, Jod, Zink	X				X

Quelle: Eigene Darstellung nach Goergens (2004), S. 11, Verbraucherzentrale (2005), S. 34 und Menrad (2000), S. 21

Anhang 3: Übersicht über Segmentierungsmodelle der Best Ager

Institut/ Quelle	Typologie	%-Anteil	Merkmale	Altersklasse
Ernest Dichter SA; Institut für Motiv- u. Marketingforschung; Zürich	4 Dimensionen: • Bonviveur • Homeworker • Explorer • Selfpromoter	 38 % 24 % 18 % 20 %	 • Verdienter Ruhestand • Bestehendes pflegen, Veränderungen negieren • Dabei bleiben, sich nicht abhängig machen • Gewinnbringendes Altersmanagement	Frauen und Männer im Alter von 50-80 Jahren
FESSEL-GfK; Lifestyle- und Sozialverhalten; Wien	4 Gruppen: • Die Flotten • Die Zufriedenen • Die Neugierigen • Die Zurück-gezogenen	k. A.	[Verschiedene soziale Verhaltensmerkmale (z.B. „Mit Familie zusammen sein", „Bekanntschaften machen") werden auf einer Skala von 1 (=täglich) bis 6 (=nie) bewertet; Gruppen entsprechend geclustert]	Generation 50 plus in Österreich
E. E. Braatz; Senioren machen Märkte; Gottmadingen	4 Gruppen: • Der Senior der Zukunft • Der frohe Genießer • Der kritische Philosoph • Der häusliche Schaffer	k. A.	 • Innovativ, weltoffen, pos. Lebenseinstellung, „erleben" • Gesellig, selbstzufrieden, „es sich gut gehen lassen" • Elitär, bildungshungrig, kritisch-pessimistisch • Zurückgezogen, Arbeit in Haus&Garten, qualitätsbewusst	50 plus
Konzept& Markt GmbH; Marktforschung für die Best Agers; Wiesbaden	6 Gruppen: • Die passiven Älteren • Die Macher • Die Genießer • Die Geselligen • Die Engagierten • Die Asketen	 28 % 21 % 17 % 12 % 11 % 11 %	[Jeder einzelne Typ wird ausführlich charakterisiert hinsichtlich: Alter, Geschlecht, Freizeitinteressen, Mobilität, Urlaubsreisen, Gesundheits-zustand und Kaufkraft (Methodik: Seniorenpanel, persönliche Inhome-Befragung)]	50 plus
TNS Emnid; Typologie Studie; Bielefeld	3 Gruppen: • Passive Ältere • Kulturell Aktive • Erlebnis-orientiert Ältere	 35 % 39 % 26 %	 • Unterdurchschnittl. Aktivitäts-grad, älteste der 3 Gruppen • Beschäftigung mit kulturellen Aspekten, Geselligkeit • Außerhaus/ technik-affine Beschäftigungen, „erleben"	50 plus
Grey Worldwide; Düsseldorf	3 Kern-Segmente: • Master Consumers • Maintainers • Simplifiers	 35 % 33 % 32 %	 • „Die Beweglichen": Aktiv, „erleben", 46% Haushalts-nettoeinkommen • „Die passiven Genießer": Status quo, 31% Haushalts-nettoeinkommen • „Echte Pensionäre": zurückgezogen-konservativ, 23% Haushaltsnettoeinkommen	50-59 Jahre 60-69 Jahre 70 plus
psychonomics AG; Köln	3 Teilsegmente: • Empty Nesters • Junge Senioren • Alte Senioren	k. A.	 • Auszug der Kinder, Grosseltern-rolle, hohes Einkommen • Eintritt Rentenalter, freie Zeit, verringertes Einkommen • Abnahme sozialer Kontakte und Konsumbereitschaft	45-60 Jahre 61-75 Jahre > 75 Jahre

SIGMA GmbH; Mannheim	10 Milieus: • Etabliertes M. • Traditionelles bürgerliches M. • Traditionelles Arbeitermilieu • Aufstiegs-orientiertes M. • Konsum-materia-listisches M. • Modern bürgerliches M. • Liberal-intellek-tuelles M. • Hedonistisches M. • Postmodernes M.	9,1 % 12,3 % 4,9 % 17,1 % 10,5 % 11,9 % 8,2 % 9,9 % 6,9 %	[Darstellung der Milieus anhand der Dimensionen: "sozialer Status" (demographische Merkmale wie z.B. Schulbildung, Beruf, Einkommen etc.) und "Wertorientierung" (Klassifikation der sozialen Gruppen wie z.B. unterschiedliche Lebensstile, Wunsch- und Leitbilder, Sinngebungen/Religiosität, Einstellung gegenüber Arbeit und Leistung etc.)]	Generationen über-greifende Typologi-sierung (Deutsch-land)
GfK und A.GE; Nürnberg	4 Ansätze: • Altersansatz • Kompetenz-ansatz • Life-Style-Ansatz • Generationen-übergreifend	k. A.	• Bsp. Allianz 60 plus-Versiche-rung; Bahncard für Senioren • Bsp. Vodaphone "Sex Bomb"-Klingelton • Bsp. TUI: Club Elan • Bsp. McDonald's	Generationen über-greifende Typologi-sierung (Deutsch-land)
GfK, Nürnberg	8 Euro-Socio-Styles: • Crafty World • Cosy Tech World • New World • Magic World • Authentic World • Secure World • Steady World • Standing World	k. A.	Darstellung der 8 Euro-Socio-Styles innerhalb eines Positionierungsraums mit den Dimensionen „Schein vs. Realität" sowie „Wandel vs. Beständigkeit"	Generationen über-greifende Typologi-sierung

Quelle: PriceWaterhouseCoopers (2006) S. 14-15

Anhang 4: Fühlen Sie sich in der Werbung eher durch Personen in Ihrem Alter angesprochen, als durch jüngere?

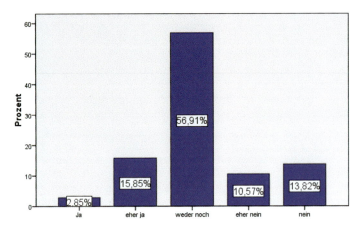

Quelle: Eigene Darstellung, Verbraucherbefragung Januar 2010

Anhang 5: Wo gehen Sie hauptsächlich Einkaufen?

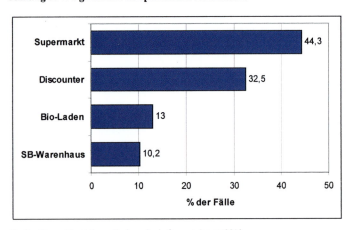

Quelle: Eigene Darstellung, Verbraucherbefragung Januar 2010

Anhang 6: Wichtigkeit verschiedener Eigenschaften beim Kauf von Lebensmitteln in Abhängigkeit vom Alter (Mittelwerte)

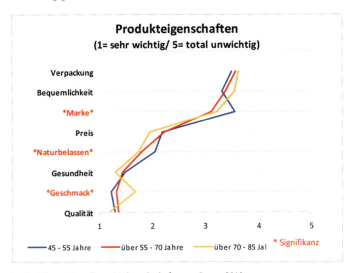

Quelle: Eigene Darstellung, Verbraucherbefragung Januar 2010

Anhang 7 : Einstellung zu Functional Food in Abhängigkeit vom Alter (Mittelwerte)

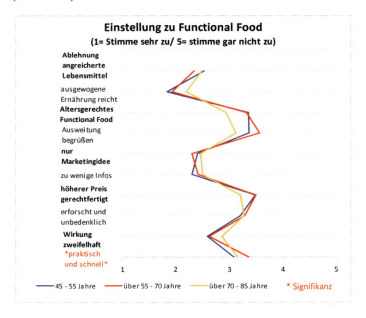

Quelle: Eigene Darstellung, Verbraucherbefragung Januar 2010

Anhang 8: Aussagen zum Verständnis der Begriffe „Functional Food" bzw. „funktionelle Lebensmittel" (vor Definition)

Häufigkeit	Antwort/ Antwortkategorie
39x	Lebensmittel angereichert mit zusätzlichen Nährstoffen zur Unterstützung der Gesundheit (Nennungen, z.B. Vitamine, Mineralstoffe, Jod, Enzyme, Probiotika)
11x	Gesundheitsfördernde Lebensmittel
6x	Positive Einflüsse auf bestimmte Körperfunktionen, wie Verdauung und Abwehrkräfte
2x	Lebensmittel, die einen bestimmten Zweck erfüllen
1x	Leistungssteigernde und gesundheitsfördernde Lebensmittel
1x	z.B. Lebensmittel, die Antioxidantien enthalten die krebshemmend sind (Broccoli)
1x	fitnessfördernde Lebensmittel
1x	Lebensmittel zur Vorbeugung gegen bestimmte Krankheiten
1x	Lebensmittel, die die Gesundheit unterstützen. z.B. Joghurt gegen Blähbauch
1x	Mit Wirkstoffen, angeblich nicht bewiesen, angereicherte Lebensmittel
1x	Nährstoffreiche Lebensmittel
1x	angereicherte Nahrungsmittel mit Zusätzen zur Nahrungsergänzung
1x	Nahrungsmittel, die mit geheimen Inhaltsstoffen angereichert sind und einen zusätzlichen Nutzen entfalten. Lebensmittel oder Arznei? Fraglich ob nötig!
1x	Nahrungsmittel mit Zusatzstoffen, die Gesundheit fördern sollen, z.B. Activia
1x	Lebensmittel mit Nahrungsergänzungsmittel
1x	Lebensmittel mit Funktion, die dem Körper neben den üblichen Nährstoffen helfen
1x	relativ gesunde, aber bereits verarbeitete Lebensmittel
1x	Lebensmittel mit besonderen Zusatzstoffen wie Vitamine, Mineralien etc. (Soft Doping)
1x	Nahrungsmittel, die einen gesundheitlichen Nutzen aufweisen, der über ihren natürlichen Nährstoffgehalt hinaus geht
1x	Säfte mit Vitaminen, Bonbons mit Vitaminen, cholesterinfreie Fette
1x	ökologisch erzeugte Lebensmittel mit Gesundheitseffekt
1x	Gut verträglich
1x	bekömmlich
1x	Tiefkühlkost etc.
1x	konstruierte Lebensmittel
1x	künstlich manipulierte Lebensmittel

Quelle: Eigene Darstellung, Verbraucherbefragung Januar 2010

Anhang 9: Überprüfte Hypothesen der empirischen Analyse

Angenommene Hypothesen:

H1:   Best Ager legen sehr viel Wert auf eine gesunde und aktive Lebensweise.

H2:   Best Ager sind der Meinung, dass man mit der richtigen Ernährung starken Einfluss auf die Gesundheit nehmen kann.

H3   Best Ager fühlen sich eher jünger als es ihrem tatsächlichen Alter entspricht.

H4:   Die Begriffe „Functional Food" oder „funktionelle Lebensmittel" sind nicht bekannt.

H5:   Nach einer allgemeinen Definition der Begriffe kennt die Mehrheit der Probanden solche Produkte und kann Beispiele nennen.

H6:   Obwohl die Mehrheit der Befragten angibt den Begriff „Functional Food" nicht zu kennen, verzehren viele bereits funktionelle Lebensmittel.

H10: Geschmack, Gesundheit, Qualität, Naturbelassenheit sind für Best Ager sehr wichtige Produkteigenschaften.

H12: Die Best Ager haben heterogene Ansichten über die beeinflussenden Eigenschaften beim Kauf von Produkten.

H14: Best Ager stehen der Werbung eher negativ gegenüber.

H16: Die Glaubwürdigkeit von Functional Food in der Zielgruppe der Best Ager lässt sich durch verschiedene Faktoren beeinflussen.

H17: Best Ager sind generell bereit für Lebensmittel mit gesundheitlichem Zusatznutzen einen höheren Preis zu zahlen.

H18   Beim Kauf von Lebensmitteln ist den Best Agern die Qualität generell wichtiger als der Preis.

H21: Der Supermarkt ist die beliebteste Einkaufstätte der Best Ager.

Abgelehnte Hypothesen:

H7:   Das Konsumentensegment der Best Ager ist sehr heterogen in seinen Einstellungen. Es gibt Befürworter und Gegner von funktionellen Lebensmitteln.

H8:   Das Alter der Best Ager hat einen großen Einfluss auf die Einstellung gegenüber funktionellen Lebensmitteln.

H9:   Best Ager kaufen häufig neue Produkte zum Ausprobieren.

H11: Die Marke spielt eine große Rolle beim Kauf von Produkten.

H13: Best Ager wünschen spezielle altersgerechte funktionelle Produkte.

H15: Best Ager fühlen sich in der Werbung durch Testimonials in ihrem Alter eher angesprochen.

H19: Die Wichtigkeit des Preises als Einkaufskriterium hängt signifikant vom Netto-Haushaltseinkommen ab.

H20: Best Ager finden einen höheren Preis für funktionelle Lebensmittel gerechtfertigt und sind bereit diesen zu zahlen.

H22: Discounter werden von Best Agern eher gemieden.

Literaturverzeichnis

AC NIELSEN (2006a): Functional Food: Das Wachstum geht weiter. Aktueller AC Nielsen Trend Navigator zeigt: Glaubwürdigkeit ist entscheidend. Pressemitteilung 31.10.2006. [Abrufdatum: 25.02.2010]. Online unter: http://de.nielsen.com/news/TrendNavigator_Functional_Food.shtml

AC NIELSEN (2006b): TrendNavigator „Functional Food". [Abrufdatum: 15.12.2010]. Online unter: http://de.nielsen.com/pubs/documents/ACNielsen_TrendNavigator_Functional Food_final.pdf

AC NIELSEN (2007): Hauptsache schnell. Consumer Insights 1/2007. [Abrufdatum: 26.12.2009]. Online unter: http://de.nielsen.com/pubs/documents/Consumer_Insights_Germany_1-2007.pdf

AUE, S. (2008): Lifestyle of Health and Sustainability (LOHAS). Grin. Norderstedt

BARNHART, T. ET AL (2002): Functional Food Ingredients Primer. Mc Kinsey (Hrsg.)

BECEL (2007): Becel Deutschland Walk geht in die zweite Runde. Pressemitteilung Becel vom Juli 2007. [Abrufdatum: 23.02.2010]. Online unter: http://presse.becel.de/becel/portal/alias__Presse/lang__de/tabID__3624/DesktopD efault.aspx

BECEL PRO-ACTIV (2008): Becel pro-activ wirbt mit Dieter Bohlen. „Gegen Choletsrein helfen keine Sprüche!" Pressemitteilung Becel pro-activ vom 25.07.2008. [Abrufdatum: 23.02.2010]. Online unter: http://presse.becel.de/becel/portal/alias__Presse/lang__de/tabID__3662/ DesktopDefault.aspx

BLESS, T. J. (2008): Erfolgreich in der Gastronomie. Entwicklungen und Trends in der deutschen Esskultur. Diplomica. Hamburg

BÜHLER, S.; JAEGER, F. (2002): Einführung in die Industrieökonomik. Springer. Berlin

BUND FÜR LEBENSMITTELRECHT UND LEBENSMITTELKUNDE (2009): Informationsblatt Functional Food – Funktionelle Lebensmittel. BLL. Bonn. Stand August 2009 [Abrufdatum: 06.01.2010]. Online unter: http://www.bll.de/themen/anreicherung/informationsblatt-functional-food.pdf

BUNDESFORSCHUNGSINSTITUT FÜR ERNÄHRUNG UND LEBENSMITTEL (2008): Nationale Verzehrsstudie II, Ergebnisbericht, Teil 2. 24.06.2008. Max Rubner Institut: Karlsruhe [Abrufdatum: 21.12.2010]. Online unter: http://www.mri.bund.de/cln_028/nn_784936/SharedDocs/Publikationen/nvs_ ergebnisbericht__teil2-v2,templateId=raw,property=publicationFile.pdf/ nvs_ergebnisbericht_teil2-v2.pdf

CMA (CENTRALE MARKETINGGESELLSCHAFT DER DEUTSCHEN AGRADRWIRTSCHAFT) (Hrsg.) (2002): Marktanalyse Functional Food – ein Regionalvergleich. Bonn

DEUTSCHE GESELLSCHAFT FÜR ERNÄHRUNG (2002): Functional Food – Gesundheit zum Essen? DGE aktuell 09/2002 http://www.dge.de/modules.php?name=News&file=print&sid=167

DUSTMANN, H. (2006): Markterfolg mit Functional Food - Der schmale Grat auf dem Weg zum Top-Produkt. Edition Lebensmittelzeitung. Deutscher Fachverlag. Frankfurt am Main

EBERLE, B. (2004): Wellness und Gesundheit als Marketingimpuls. Wie Sie den Megatrend für Ihre Produkte nutzen. Redline. Frankfurt

EUROPÄISCHE UNION (2007): Berichtigung er Verordnung (EG) Nr. 1924/2006 des Europäischen Parlaments und des Rates vom 20. Dezember 2006 über nährwert und gesundheitsbezogene Angaben über Lebensmittel. In: Amtsblatt der Europäischen Union [Abrufdatum: 24.02.2010]. Online unter: http://www.health-claims-verordnung.de/resources/hcvo-verordnungstext-berichtigt.pdf

GASSMANN, O. (2006): Wachstumsmarkt Alter – Innovationen für die Zielgruppe 50+. Carl Hanser. München

GFK PANEL SERVICE DEUTSCHLAND (2007): Consumers' Choice '07 – Wellfood trend drives food markets. [Abrufdatum: 10.12.2009]. Online unter: https://www.bve-online.de/presseservice/veroeffentlichungen/consumers_choice2007/

GOERGENS, P. (2004): Akzeptanz funktioneller Lebensmittel und deren Stellenwert in der Ernährung – Eine Verbraucherbefragung in Sachsen. Doktorarbeit. Medizinische Fakultät Carl Gustav Carus der Technischen Universität Dresden

GOLDBERG, I. (1994): Functional Foods – designer foods, pharmafoods, nutraceuticals. Chapman & Hall. New York

GROENEVELD, M. (1998): Funktionelle Lebensmittel: Definitionen und lebensmittel-
rechtliche Situation. Ernährungsumschau 45, S. 156-161

HAIMANN, R. (2005): Alt! Wie die wichtigste Konsumentengruppe der Zukunft die
Wirtschaft verändert. Redline. Frankfurt

HEINZ, K. (2007): Die Health-Claims-Verordnung. Neue Chancen für den Vertrieb von
Nahrungsertgänzungsmitteln. In: Netco Magazin (6): 114 – 116

HERRMANN, A.K. (2003): Kaufverhalten bei Innovationen auf dem Lebensmittelmarkt. Entwicklung eines kausalanalytischen Messinstruments für Functional
Food. DUV. Wiesbaden

HOFMANN, B. (2009): Makroanalyse des deutschen Marktes für funktionelle Getränke. Grin. Norderstedt

JANNSSENS, W. et al (2008): Marketing Research with SPSS. Pearson Education
Limited. Essex

JÜTTNER, C. (2009): Gesundheitsprofilierung von Lebensmittel-Markenartikeln. Prof.
Michael Lingenfelder (Hrsg.). Gabler. Wiesbaden

KÖNIG, H. (2005): Functional Food - Verbraucherschutz und Verbrauchereinstellung
heute. Bericht in „Functional Food – Forschung, Entwicklung und Verbraucherakzeptanz". Berichte der Bundesforschungsanstalt für Ernährung und Lebensmittel.
Karlsruhe [Abrufdatum: 03.01.2010]. Online unter:
http://www.agev.net/tagung2003/BFEL1.pdf

KRAEMER, J. (2008): Nachfrage nach Functional Food in Deutschland – Analyse der
Determinanten am Beispiel ACE-Getränke. VDM. Saarbrücken

KRAUßE, U. (2007): Health Food Trends. Entstehung, Hintergründe, Strategien. VDM.
Saarbrücken

KREUTLE, U. (2009): LOHAS – die ethisch-grüne Konsumelite. AKAD. Das Hoch-
schulmagazin Ausgabe 17/09.[Abrufdatum: 03.01.2010]. Online unter:
http://www.akad.de/fileadmin/akad.de/assets/PDF/Hochschulmagazin/
HM_Okt._09/akad_HM1709_s32_33_LOHAS.pdf

KUTSCH, T. (1999): Schwerpunkt: Nahrung und Kultur. Beitrag in: aid special, "Zwischen Öko-Kost und Designer Food: Ernährung im 21. Jahrhundert. Tagungsband
zum 2. aid-Forum am 1. Juni 1999; S. 14-18. Wissenschaftszentrum Bonn

MACIEJEWSKI, O. (2008): Erfolg mit Innovationen auf dem deutschen Lebensmittelmarkt am Beispiel von Functional Food. Grin. Norderstedt

MATIASKE, B. (2005): Die Entwicklung funktioneller Lebensmittel in Japan, Deutschland und den USA. Bericht in „Functional Food – Forschung, Entwicklung und Verbraucherakzeptanz". Berichte der Bundesforschungsanstalt für Ernährung und Lebensmittel. Karlsruhe [Abrufdatum: 03.01.2010]. Online unter: http://www.agev.net/tagung2003/BFEL1.pdf

MEFFERT, H. (1998): Marketing. Grundlagen marktorientierter Unternehmensführung. 8. Auflage. Gabler. Wiesbaden

MENRAD, K. (2005): Zukunft von Functional Food. Bericht in „Functional Food – Forschung, Entwicklung und Verbraucherakzeptanz". Berichte der Bundesforschungsanstalt für Ernährung und Lebensmittel. Karlsruhe [Abrufdatum: 03.01.2010]. Online unter: http://www.agev.net/tagung2003/BFEL1.pdf

MENRAD, M. ET AL (2000): Technology Assessment - Functional Food. Zentrum für Technologiefolgen-Abschätzung des Schweizerischen Wissenschafts- und Technologierats. TA 37/2000.

MEYER-HENTSCHEL, H.; MEYER-HENTSCHEL, G. (2009): Seniorenmarketing. Generationsgerechte Entwicklung und Vermarktung von Produkten und Dienstleistungen. 2. Auflage. Business Village. Göttingen

O. V. (2009): Regulating health food – The proof of the pudding. In: The Economist (31.10.2009)

PERSIN, C./ KUHN, K. (1999): Probiotische Lebensmittel: Wegbereiter für den Functional-Food-Markt. Deutsche Molkerei Zeitung, 120 Jg, Nr. 16, S. 686-695

POMPE, H.-G. (2007): Marktmacht 50plus – Wie Sie Best Ager als Kunden gewinnen und begeistern. Gabler. Wiesbaden

POTRATZ, B., WILDNER, S (1999a): Functional Food – Eine Frage des Alters? Eine Analyse der Verbrauchereinstellungen zu gesundheitsfördernden Lebensmitteln. Lehrstuhl für Agrarmarketing , Universität Kiel. [Abrufdatum 19.12.2009]. Online unter: http://orgprints.org/1652/1/wildupota.PDF

POTRATZ, B., WILDNER, S. (1999b): Verbrauchereinstellungen zu Functional Food. Arbeitsbericht Nr. 16. Lehrstuhl für Agrarmarketing, Universität Kiel

PRICE WATERHOUSE COOPERS (2006): Generation 55+ - Chancen für Handel und Konsumgüterindustrie. [Abrufdatum: 08.01.2010]. Online unter: http://www.pwc.de/fileserver/EmbeddedItem/Generation55+.pdf?docId= e5fcb24f8eb3513&componentName=pubDownload_hd

ROBERFROID, M.B. (1998): Functional Food Science – Concepts and Strategy. The World of Ingredients March/ April 1998, S. 34 – 38.

ROGDAKI; E. (2003): Präferenzen der Konsumenten für funktionelle Lebensmittel. Logos Verlag. Berlin

SABERSKY, A. (2008): Functional Food -99 verblüffende Tatsachen. Trias. Stuttgart

SCHLEIFER, P. (2005): Marketing für Functional Food. Bericht in „Functional Food – Forschung, Entwicklung und Verbraucherakzeptanz". Berichte der Bundesforschungsanstalt für Ernährung und Lebensmittel. Karlsruhe [Abrufdatum: 03.01.2010]. Online unter: http://www.agev.net/tagung2003/BFEL1.pdf

SCHOMBURG, B. (2008): Rechtsrahmen funktioneller Lebensmittel - ordnungsrechtliche Aspekte und rechtspolitische Empfehlungen. Heymann. München

SENF, I. (2008): Best Ager als Best Targets? Betrachtung der Zielgruppe 50plus für das Marketing. Reihe Best Ager, Band 4. Diplomica: Hamburg

SLOAN, E. (2008): The Top 10 Functional Food Trends. Food Technology 04/08. [Abrufdatum: 08.01.2010]. Online unter: http://webprod.ift.org/NR/rdonlyres/D94DACC3-0EA8-46F8-BBF9-AFA2103FB714/0/0408feat_trends.pdf

SOHNSMEYER, Y. (2008): Functional Food: Einfluss der Etikettierung auf das Kaufverhalten der Verbraucher. VDM. Saarbrücken

STATISTISCHES BUNDESAMT (2007): Durchschnittliche Haushaltsgröße sinkt auch zukünftig. Pressemitteilung Nr.518 vom 20.12.2007. [Abrufdatum: 22.12.2009]. Online unter: http://www.destatis.de/jetspeed/portal/cms/Sites/destatis/Internet/DE/Presse/pm/ 2007/12/PD07__518__12421.psml

STATISTISCHES BUNDESAMT (2009): Auswirkungen des demografischen Wandels –Daten der amtlichen Statistik. Wirtschaft und Statistik 6/2009, Seite 513- 527. [Abrufdatum: 22.12.2009]. Online unter: http://www.destatis.de/jetspeed/portal/cms/Sites/destatis/Internet/DE/Content/ Publikati-nen/Querschnittsveroeffentlichungen/WirtschaftStatistik/Bevoelkerung/ AuswirkungDemegraphischerWandel,property=file.pdf

VERBRAUCHERZENTRALE (2005): Funktionelle Lebensmittel – gesünder essen mit probiotischem Joghurt und Pflanzenzusätzen (inklusive Änderungsbeiblatt 2007). Verbraucherzentrale Bundesverband e.V.. Berlin

VERBRAUCHERZENTRALE UND BUNDESINSTITUT FÜR RISIKOBEWERTUNG (2007): Lebensmittel mit Pflanzensterinzusatz in der Wahrnehmung der Verbraucher. Gemeinschaftsstudie der Verbraucherzentralen und des BfR. BfR-Wissenschaft 02/2007. [Abrufdatum: 02.12.2009]. Online unter:
http://www.bfr.bund.de/cm/238/lebensmittel_mit_pflanzensterinzusatz_in_der_ wahrnehmung_der_verbraucher%20.pdf

VON RIBBECK, U. (2005): Functional Food - Verbrauchereinstellung und Nachfrage aus Sicht der Hersteller und des Handels. Bericht in „Functional Food – Forschung, Entwicklung und Verbraucherakzeptanz". Berichte der Bundesforschungsanstalt für Ernährung und Lebensmittel. Karlsruhe [Abrufdatum: 03.01.2010]. Online unter:
http://www.agev.net/tagung2003/BFEL1.pdf

YAMAGUCHI, P. (2004): Functional Foods & FOSHU Japan 2004, Market and Product Report. [Abrufdatum: 06.01.2010]. Online unter:
http://www.functionalfoodsjapan.com/images/F.F_FOSHU_Japan_2004.Ver.3.pdf

Yvonne Senf

Best Ager als Best Targets?

Betrachtung der Zielgruppe 50plus für das
Marketing

Diplomica 2008 / 112 Seiten / 39,50 Euro

ISBN 978-3-8366-6218-5

EAN 9783836662185

Vor dem Hintergrund gesättigter Märkte und der zunehmenden Austauschbarkeit von
Produkten wird es für Unternehmen immer bedeutsamer, sich signifikante
Wettbewerbsvorteile gegenüber ihren Mitbewerbern zu sichern. Es gilt, neue und
zukunftsträchtige Märkte zu erschließen und sich in diesen zu etablieren.

Wie kaum ein anderer Bereich rückt dabei das Thema „Altern" in den Brennpunkt des
öffentlichen Interesses. Auf Grund der sinkenden Geburtenrate und der steigenden
Lebenserwartung zeichnet sich in Deutschland und anderen Industrienationen ein
demographischer Wandel ab: die industrielle Gesellschaft altert. Ein Ergebnis dessen ist
das Herauskristallisieren einer völlig „neuartigen" Zielgruppe, denn der besagte
demographische Wandel bringt vor allem eine aufsteigende Menge an älteren Menschen
im „besten Alter" mit sich.

Man prognostiziert, dass sich diese zur wichtigsten Käufergruppe der Zukunft entwickeln
werden. Aber was ist wirklich dran an dem zunehmenden Interesse um eine Zielgruppe,
die noch nicht einmal eine einheitliche Begriffsdefinition besitzt? Ältere Menschen gab es
auch schon vor 30 Jahren, wenngleich ihr prozentualer Anteil an der Gesamtbevölkerung
sicherlich geringer war. Dennoch sollte man sich die Frage stellen, ob es Sinn macht und
zeitgemäß ist, eine Segmentierung nach lediglich einem Merkmal, dem Alter,
vorzunehmen. Und sind die Best Ager hinsichtlich marketingpolitischer Entscheidungen
tatsächlich auch die Best Targets?

Lisa Marie Bille

Age Management-Konzepte für das

Personalwesen

Erfahrungen und Konsequenzen

Diplomica 2009 / 140 Seiten / 49,50 Euro

ISBN 978-3-8366-6831-6

EAN 9783836668316

Auf den Märkten der Zukunft müssen erfolgreiche Unternehmen nicht nur Technologien, Marktveränderungen und Kundenbedürfnisse, sondern auch Arbeitsmarktveränderungen berücksichtigen. Der Gedanke, in Zukunft könnten nicht genügend Arbeitskräfte zur Verfügung stehen, liegt heute vielen fern, da die Schlagzeilen der nahen Vergangenheit von Arbeitslosigkeit und einem scheinbaren Überangebot an Arbeitssuchenden geprägt waren.

Die demografische Entwicklung Deutschlands erfordert in Zukunft eine Integration der Arbeitnehmer bis ins Rentenalter hinein – dies erfordert jedoch ein Umdenken bei den Personalverantwortlichen. Unternehmen sollten fähig sein, ältere Mitarbeiter adäquat einzusetzen und zu fördern, denn die ältere Generation stellt als Humankapital einen wichtigen Leistungsträger in der Wirtschaft dar. Ein altersspezifisches Personalmanagement hat zum Ziel, die Arbeitsfähigkeit Älterer zu erhalten, sie ihren Stärken entsprechend einzusetzen und auch die Lernfähigkeit zu fördern und zu nutzen. So kann ihre Erfahrung anerkannt und gesichert werden. Eine präventive Beschäftigungspolitik muss dies berücksichtigen und diese Tatsache in geeignete Maßnahmen zur Erhaltung der Leistungsfähigkeit und Innovationskraft des Unternehmens umsetzen. Strategische Ansätze sind gefragt.

Meist sind dazu keine neuen Instrumente notwendig, sondern es ist lediglich eine neue Ausrichtung und ein langfristiger und konsequenter Einsatz bekannter Instrumente erforderlich. Das Thema Age Management bietet einen Ansatzpunkt für Unternehmen, mit Veränderungen im Bereich der Altersstrukturen der Beschäftigten umzugehen, sich diese zu verdeutlichen und ihnen frühzeitig aktiv entgegenzuwirken.

Manuela Pirner

Best Ager als Zielgruppe für den deutschen Lebensmitteleinzelhandel

Diplomica 2010 / 144 Seiten / 49,50 Euro

ISBN 978-3-8366-8116-2

EAN 9783836681162

Der mit zunehmender Dynamik verlaufende Alterungsprozess der Bevölkerung hat inzwischen die ganze Welt erfasst. Diese Entwicklung ist kurzfristig nicht zu korrigieren – sie ist auf Jahrzehnte hinaus unumkehrbar. Für die Wirtschaft heißt das, sie muss sich mit den Auswirkungen dieser tief greifenden gesellschaftlichen Veränderungen auseinandersetzen, um so auch die Zukunft aktiv zu gestalten. Die Auswirkungen des demografischen Wandels auf Kundenstrukturen und Kundenwünsche werden dabei zu maßgeblichen Wettbewerbsfaktoren und die über 50-Jährigen werden zu einer wesentlichen Zielgruppe der Zukunft. Die Lebensmittelwirtschaft muss sich auf diese Veränderungen einstellen und die passenden Produkt- und Marketingkonzepte entwickeln.

Das Buch informiert anschaulich und fundiert über die Möglichkeiten und Grenzen des Handelsmarketings angesichts des demografischen Wandels. Besonders die Gestaltung der Standortpolitik, Produkt- und Sortimentspolitik, Preispolitik, Qualitätspolitik, des Verkaufsraums und der Warenplatzierung sowie der Kommunikationspolitik werden unter die Lupe genommen. Auf Grundlage der theoretischen Erkenntnisse und der empirischen Erhebung wird die derzeitige Situation der Einzelhandels-Discounter mit Hilfe einer SWOT Analyse dargestellt.

Manuela Pirner beantwortet die spannende Frage nach der demografischen Entwicklung Deutschlands und deren Auswirkungen auf die Lebensmittelwirtschaft anschaulich und fundiert. Das Buch besticht durch eine schlüssige Verbindung von theoretischer Analyse und praktischer Orientierung.

Björn Bollwitt

Herausforderung demographischer Wandel

Employer Branding als Chance

für die Personalrekrutierung

Diplomica 2010 / 136 Seiten / 49,50 Euro

ISBN 978-3-8366-8984-7

EAN 9783836689847

Welche Auswirkungen hat der demographische Wandel auf die Personalrekrutierung der Unternehmen? Schon heute findet im Bereich der Personalrekrutierung ein regelrechter ‚hunt for talent' statt. Doch die Unternehmen bleiben bei dieser ‚Jagd' häufig zu konturlos und damit wenig überzeugend und attraktiv für die ‚Talente'.

Umso wichtiger wird zukünftig eine ganz eigene Unternehmenspräsentation, die die Unterschiede zur Konkurrenz deutlich hervorhebt. Das vorliegende Buch untersucht, ob und inwiefern Employer Branding dazu beitragen kann, den demographischen Herausforderungen im Bereich der Personalrekrutierung effektiv zu begegnen. Im Fokus des Autors stehen neben der Gruppe der hochqualifizierten Frauen auch die Einsatzmöglichkeiten des Web-2.0-Instrumentariums im Rahmen der Bewerberansprache.

Björn Bollwitt bietet den Entscheidungsträgern in Unternehmen mit diesem Buch sowohl eine theoretische als auch praxisorientierte Hilfestellung.

Sebastian Thiele

Weiterbildung für Best Ager

Zum anstehenden Wandel der

beruflichen Bildung Älterer

Diplomica 2010 / 92 Seiten / 39,50 Euro

ISBN 978-3-8366-9595-4

EAN 9783836695954

Ältere Menschen rücken mehr und mehr in das Blickfeld wissenschaftlicher Betrachtung. Nicht nur, weil ihr Anteil an der Bevölkerung zunimmt, sondern auch, weil sich die Wirtschaft einem zunehmenden Arbeitskräftemangel gegenübersieht. Neue Formen der Qualifizierung älterer Erwerbstätiger werden immer dringlicher für Unternehmen, um gut für die Zukunft gerüstet zu sein.

Dieses Buch versucht unter den Voraussetzungen aktueller gesellschaftlicher Entwicklungen die berufliche Bildung Älterer zu betrachten und die Notwendigkeit eines Wandels im Umgang mit der Arbeitskraft älterer Menschen herauszuarbeiten. Es ist in diesem Zusammenhang von Interesse, welche Entwicklungen sich in der Bevölkerung vollziehen und was eine altersgerechte berufliche Bildung zur Lösung der dadurch entstehenden Probleme beitragen kann.

Fragen, die sich unter anderem stellen: Wie muss berufliche Bildung gestaltet sein, um dem Spezifikum des Lernens im Alter zu entsprechen? Welche Methoden der beruflichen Bildung bieten sich für ältere Erwerbstätige an, um ihr Wissen, ihre Fähigkeiten und Kompetenzen an die aktuell am Arbeitsmarkt geforderten Bedingungen anzupassen? Wie muss sich die berufliche Bildung wandeln, um den gesellschaftlichen Veränderungen sinnvoll begegnen zu können?

Ruslan Fedorow

Seniorenmarketing im Einzelhandel

Marketingstrategien zur Erhaltung

und Neugewinnung von Kunden

der Zielgruppe Best Ager

Diplomica 2010 / 80 Seiten / 29,50 Euro

ISBN 978-3-8366-9703-3

EAN 9783836697033

Aus demographischer Sicht wird die Bedeutung der Senioren für den Einzelhandel wachsen. Ihre relativ große und steigende Anzahl, die wirtschaftlich hohe Kaufkraft, ein ausgeprägtes Konsumverhalten und die relativ hohe Lebenserwartung sind signifikante Faktoren, die den Einzelhandel grundlegend prägen werden. Infolgedessen sind die Handelsunternehmen gezwungen, sich auf dem heterogenen Markt der Senioren-generation mit Hilfe spezifischer Strategien sowie notwendigen marketingpolitischen Instrumenten erfolgreich zu profilieren.

Die Unternehmen des Einzelhandels können sich durch bestimmte Produkteigenschaften wie Qualität, einfache Bedienbarkeit, genauso wie durch einen sehr guten Service und freundlichem, wie fachlich sehr gut geschultem Verkaufspersonal erfolgreich etablieren. Dabei sollten die komplexen Ansprüche der älteren Konsumenten beachtet werden. Unter Berücksichtigung ihrer physischen und kognitiven Veränderungen, sollten Unter-nehmen des Einzelhandels zum Beispiel bedenken, dass die körperlichen Funktionen im hohen Alter eingeschränkt sind, während die geistigen Fähigkeiten, wenn sie regelmäßig trainiert werden, zum größten Teil auch im fortgeschrittenen Alter erhalten bleiben.

Die Analysen, die in dieser Untersuchung durchgeführt wurden, sollen die notwendigen Kenntnisse über die Seniorengeneration näher erläutern und praktische Hinweise für strategische und operative Entscheidungen im Hinblick auf den heterogenen, senioren-spezifischen Markt geben.

Printed in Poland
by Amazon Fulfillment
Poland Sp. z o.o., Wrocław